W0272740

Geschichte und Geschehen

Ideologie und Herrschaft des Nationalsozialismus

Autor:
Dr. Hartmann Wunderer

Ernst Klett Verlag
Stuttgart · Leipzig

Bildnachweis

Umschlag: ullstein bild, Berlin; **6.2:** DHM, Berlin; **9.10:** AKG, Berlin; **10.11:** BPK, Berlin; **11.13:** Interfoto, München; **12.16:** BPK, Berlin; **13.18:** BPK, Berlin; **14.21:** Bundesarchiv, Koblenz; **15.23:** AKG, Berlin; **16.25:** Langewiesche-Brandt Verlag, Ebenhausen; **16.26:** BPK, Berlin; **17.29:** AKG, Berlin; **19.1:** AKG, Berlin; **19.2:** AKG, Berlin; **19.3:** AKG, Berlin; **20.4:** AKG, Berlin; **22.9:** BPK (Heinrich Hoffmann), Berlin; **23.13:** AKG, Berlin; **24.15:** Nils Havemann: Fußball unterm Hakenkreuz, Campus Verlag; **26.19:** BPK, Berlin; **27.22:** AKG, Berlin; **28.23:** BPK, Berlin; **28.24:** AKG, Berlin; **28.25:** BPK (Leni Riefenstahl), Berlin; **29.27:** Staats- und Universitätsbibliothek, Hamburg; **30.31:** AKG, Berlin; **31.34:** AKG (Paul Almasy), Berlin; **34.39:** (c) 2007 Bildstelle Hanau; **35.42:** Landesarchiv Berlin, Berlin; **36.44:** DHM, Berlin; **39.1:** AKG, Berlin; **40.3:** Justizvollzugsanstalt, Wolfenbüttel; **41.6:** BPK, Berlin; **43.7:** Picture-Alliance, Frankfurt; **45.2:** AKG, Berlin; **46.3** oben, links: AKG, Berlin; **46.3** oben, rechts: BPK, Berlin; **46.3** Mitte, links: ullstein bild, Berlin; **46.3** Mitte, rechts: Picture-Alliance (akg), Frankfurt; **46.3** unten: Interfoto, München; **47.6** CCC, www.c5.net (Halbritter), Pfaffenhofen a.d. Ilm; **47.6** rechts: CCC, www.c5.net (Halbritter), Pfaffenhofen a.d. Ilm; **48.7:** ullstein bild, Berlin; 49.9: ullstein bild, Berlin; **49.11:** BPK, Berlin; **51.14:** CCC, www.c5.net (Halbritter), Pfaffenhofen a.d. Ilm; **52.17:** AKG (AP), Berlin; **53.18:** BPK, Berlin; **54.22:** AKG, Berlin; **55.25:** Dokumentationsarchiv d. österr. Widerstandes, Wien; **56.27:** Picture-Alliance (dpa/Jan Woitas), Frankfurt; **57.28:** Corbis, Düsseldorf; **58.1:** AKG, Berlin; **59.3:** BPK, Berlin; **60.6:** BPK (Gerhard Kiesling), Berlin; **61.8:** ullstein bild, Berlin; **62.2:** AKG, Berlin; **63.3:** AKG, Berlin; **63.4:** Interfoto, München; **64.5:** AKG, Berlin; **64.7:** Corbis (dpa/Alonso), Düsseldorf; **66.11:** AP (MTI/Barnabas Honeczy), Frankfurt; **69.16:** AKG, Berlin;

Nicht in allen Fällen war es uns möglich, den Rechteinhaber der Abbildungen ausfindig zu machen. Berechtigte Ansprüche werden selbstverständlich im Rahmen der üblichen Vereinbarungen abgegolten.

1. Auflage 1 7 6 5 4 3 | 2012 2011 2010 2009 2008

Alle Drucke dieser Auflage sind unverändert und können im Unterricht nebeneinander verwendet werden.
Die letzten Zahlen bezeichnen jeweils die Auflage und das Jahr des Druckes.

Das Werk und seine Teile sind urheberrechtlich geschützt. Jede Nutzung in anderen als den gesetzlich zugelassenen Fällen bedarf der vorherigen schriftlichen Einwilligung des Verlages. Hinweis zu § 52 a UrhG: Weder das Werk noch seine Teile dürfen ohne eine solche Einwilligung eingescannt und in ein Netzwerk eingestellt werden. Dies gilt auch für Intranets von Schulen und sonstigen Bildungseinrichtungen.

Fotomechanische Wiedergabe nur mit Genehmigung des Verlages.
© Ernst Klett Verlag GmbH, Stuttgart 2007.
Alle Rechte vorbehalten.
Internetadresse: www.klett.de

Autor:
Dr. Hartmann Wunderer

Redaktion: Dr. Carsten Drecoll, Freiburg
Herstellung: Krystyna Müller, Jeanette Frieberg

Reproduktion: Meyle + Müller, Medien-Management, Pforzheim
Kartenbearbeitung: Ingenieurbüro für Kartografie Joachim Zwick, Gießen
Kartografisches Büro Borleis & Weis, Leipzig
Umschlagbild: ullstein bild, Berlin
Zwei Hitler-Jungen, Propagandabild, veröffentlicht März 1942

Druck: W. Wirtz, Speyer
Printed in Germany

ISBN: 978-3-12-430033-1

9 783124 300331

Inhalt

Online-Link: Trainingsklausur
Mit Hilfe dieses Links gelangen Sie zu einer zusätzlichen, themenbezogenen Trainingsklausur. Einfach auf www.klett.de/online gehen und in das Link-Feld die Nummer 430033-0000 eingeben.

1 Ideologische Wurzeln und Ursachen: Aufstieg des Nationalsozialismus bis 1933

Die Frage nach den Ursachen des Aufstiegs des Nationalsozialismus ist für den Geschichtsunterricht und für unsere Erinnerungskultur zentral.
Als der bekannte Zeithistoriker Martin Broszat in den 1980er-Jahren eine Historisierung des Nationalsozialismus forderte, meinte er damit auch eine Interpretation der deutschen Geschichte, die den Nationalsozialismus aus den eigenen deutschen historischen Zusammenhängen heraus zu begreifen sucht und nicht mehr als Einbruch einer „fremden Schicksalsmacht", die den deutschen Traditionen nicht entspräche. Wie konnte Adolf Hitler, der aus politikfernen und sehr einfachen Verhältnissen stammte und der im bürgerlichen Leben völlig gescheitert war, in Deutschland einen solchen Erfolg verbuchen und in extrem kurzer Zeit schier zum frenetisch bejubelten „Führer" avancieren?
Die neuere Sozialgeschichtsforschung akzentuiert hierzu folgende Befunde: Hitlers Vorstellungswelt entsprach weitgehend den politischen Traditionen, die in großen Teilen der Bevölkerung akzeptiert und geschätzt waren; er reagierte aber insbesondere auf die Verletzungen, die Deutschland seit 1918 durch die Politik der Siegermächte, aber auch durch die bisweilen hilflose deutsche Politik erfahren musste. Dadurch wurde eine Erlösungserwartung in der deutschen Öffentlichkeit geschaffen, der die traditionellen „alten" politischen Parteien und deren Führer (in der Regel rasch diskreditiert durch ihre angebliche politische Erfolglosigkeit) nicht entsprechen konnten. Nach der traumatisierenden Niederlage von 1918 fieberte man in Deutschland einem „zweiten Bismarck" entgegen und hoffte, das Trauma der Kriegsniederlage und die „Schmach von Versailles" überwinden zu können. Hitler gelang, daran besteht in der historischen Forschung kein Zweifel mehr und daran ist nachdrücklich zu erinnern, aus eigener Kraft kein Durchbruch zur politischen Macht. Es waren vielmehr die Angehörigen der alten Eliten, die ihm den Weg zur Kanzlerschaft ebneten und ihm die „legalen" Instrumente zur Errichtung einer Diktatur jenseits einer liberal-parlamentarischen Ordnung zur Verfügung stellten. Ohne die bereitwillige Unterstützung durch große Teile der Justiz, der Bürokratie, des Militärs, der Kirchen und der Universitäten hätte Hitler weder an die Macht gelangen noch seine Diktaturpläne umsetzen können. Die genannten Institutionen gingen bei der Unterstützung Hitlers weit über das hinaus, was ihre Gehorsamspflicht gegenüber staatlichen Ansprüchen verlangte. Seine kompromisslose Haltung gegenüber dem verhassten parlamentarischen System und gegenüber dem verachteten Ausland bündelte Ressentiments und Klischees, die auch bei den alten Eliten vorhanden waren.
In Deutschland selbst waren also die Bedingungen für die Herrschaft eines Diktators vorhanden, diese wurden nicht erst durch den Terror geschaffen, sondern ermöglichten vielmehr den Terror, durch den sich Hitler zwölf Jahre an der Macht hielt, dabei Deutschland in den Abgrund riss und unvorstellbares Unrecht beging. Erst als dies den klügeren Köpfen deutlich sichtbar wurde, formierte sich ein breiterer Widerstand auch jenseits der Arbeiterbewegung in bürgerlichen Kreisen und beim Militär.
Machtpolitische Ansprüche waren nach 1945 daher völlig diskreditiert. Im Zuge des Kalten Krieges erhielt Deutschland eine neue, zentrale Rolle.

1 Faktoren und Ursachen des politischen Aufstiegs des Nationalsozialismus

Innenpolitische Faktoren:
- Art. 48 (Notstandsverordnungen) ermöglicht Regierungshandeln ohne parlamentarische Kontrolle
- fehlender Basiskonsens bei demokratischen Grundwerten
- Zerfall der bürgerlichen Mittelparteien
- Spaltung der Arbeiterbewegung
- Militär steht nicht hinter der demokratischen Grundordnung

Ideologische Traditionen:
- Antisemitismus
- Rassenideologie und -hygiene, auch in universitärer „Forschung"
- Körper- und Gewaltkult
- Völkisches Gedankengut
- Volk-ohne-Raum-These

Ökonomische und soziale Ursachen:
- hohe Dauerarbeitslosigkeit seit 1924
- Inflation hat Sparguthaben entwertet
- Weltwirtschaftskrise verunsichert vor allem die Mittelschichten, Abstiegsängste
- Untaugliche Deflationspolitik Brünings verschlimmert die Krise
- Reparationszahlungen (1932 ausgesetzt)

POLITISCHER AUFSTIEG DES NATIONALSOZIALISMUS

Außenpolitische Argumente lieferten die Grundlage für die Hetze gegen die Weimarer Demokratie:
- Versailler Vertrag (Kriegsschuld, Gebietsabtretungen, Rüstungsbeschränkungen, Reparationen: Dolchstoßlegende)
- Behauptung, das dt. Heer sei militärisch nicht besiegt worden
- Außenpolitische Erfolge der Reichsregierung (diplomatische Rehabilitierung, Aussetzung der Reparationen) werden nicht wahrgenommen.

soziokulturelle Faktoren: antidemokratische Traditionen:
- geringe allgemein anerkannte demokratische Traditionen in Deutschland
- Führungsgruppen in Verwaltung, Militär, Kirchen, Schulen und Universitäten, Justiz wurden im Kaiserreich sozialisiert, lehnen demokratische Ordnung ab
- Nichtverarbeitung der Kriegsniederlage
- Antisemitistische Traditionen

charismatische Führerpersönlichkeit

1

Ideologische Schwerpunkte

Thomas Mann notierte zwei Monate nach Hitlers „Machtergreifung" (am 27. März) in sein Tagebuch: „Es war den Deutschen vorbehalten, eine Revolution nie gesehener Art zu veranstalten: Ohne Idee, gegen die Idee, gegen alles Höhere, Bessere, Anständige, gegen die Freiheit, die Wahrheit, das Recht. Es ist menschlich nie etwas Ähnliches vorgekommen. Dabei ungeheurer Jubel der Massen." Tatsächlich spielten politisch-programmatische ideologische Zielsetzungen für die Nationalsozialisten – blendet man den mörderischen rassistischen ▶ Antisemitismus aus – nie eine zentrale Rolle. Zwar attackierten sie deklamatorisch das „internationale Finanzkapital" und gelegentlich auch Großgrundbesitzer. Diese antikapitalistischen Drohgebärden bekamen aber weniger die „Kapitalisten", sondern eher – und zwar mit äußerster Brutalität – die Sozialisten und Kommunisten sowie insbesondere die Juden zu spüren, wobei sich ein schier entgrenzter Hass, ein Kult der Gewalt gegen Andersdenkende entlud. Der vermeintliche „Antikapitalismus" der Nationalsozialisten sprach Eigentumsrechte nur Ausländern oder politischen Feinden ab, „nationale" Produzenten hingegen wurden gefördert. Die Angst vor einer vermeintlich drohenden „bolschewistischen Revolution" einte in Europa Repräsentanten von faschistischen Bewegungen mit Repräsentanten des „Kapitals". Aber wenn traditionelle Eliten nicht zur Zusammenarbeit mit den Faschisten bereit waren, kamen diese auch nicht an die Macht. Die Nationalsozialisten gelangten nicht an die Macht durch ihre politisch-ideologischen Verheißungen oder Programme, sondern durch das Votum oder das Interesse von mächtigeren Entscheidungsträgern. Tatsächlich aber taten die schlichten politisch-ideologischen Denkmuster der Nationalsozialisten durchaus ihre Wirkung.

Die zentralen Schwerpunkte der nationalsozialistischen Ideologie – weitgehend entlehnt aus bereits im 19. Jahrhundert entwickelten Vorstellungen – lassen sich in wenigen Kernaussagen zusammenfassen:
Zentral war für die Ideologie und Politik der Nationalsozialisten ein radikaler rassistisch motivierter ▶ Antisemitismus. Propagiert wurden weiterhin ein „nationaler Sozialismus", der Theorie und Praxis sozialistischer und kommunistischer Bestrebungen grundsätzlich ablehnte, ja vehement bekämpfte (Antimarxismus/Antisozialismus/Antibolschewismus). Angestrebt wurde eine gesellschaftliche, politische und wirtschaftliche Struktur, die sich an dem Führerprinzip, einem klaren System von Befehl und Gehorsam, von Führer und „Gefolgschaft" („Volksgemeinschaft") orientierte. Das Ideal war nicht eine klassenlose, sondern eine berufständisch gegliederte Gesellschaft, die sich als „Kampfgemeinschaft" verstehen sollte. Diese Kampfgemeinschaft sollte für die „blutsmäßig" „reinen" Deutschen (zu denen weder die deutschen Juden noch deutsche Sinti und Roma gehörten), einen „Lebensraum" erkämpfen, der den „rassisch hochwertigen" Deutschen, die zu den ▶ „Ariern" gerechnet wurden, eine sichere Zukunft garantieren sollte. – Abgelehnt wurde ferner der bürgerliche Liberalismus, der die Trennung von Gesellschaft und Staat betonte, zwischen Öffentlichkeit und Privatheit trennte, individuelle Freiheits- und Menschenrechte hervorhob und eine parlamentarische Demokratie, gesellschaftlichen Pluralismus, Gewaltenteilung und Rechtsstaatlichkeit und eine freie Marktwirtschaft für elementar hielt. Der Kapitalismus wurde nicht in Frage gestellt, angeprangert wurde vielmehr das „raffende Kapital" (Warenhäuser, Börsen und Banken – die vermeintlich von Juden beherrscht wurden). Beschworen und praktisch-politisch äußerst folgenreich wurde ein „Kult der Gewalt", der „rassisch Minderwertigen", „Kranken", politischen Gegnern und generell Andersdenkenden kein Existenzrecht zubilligte. Das Recht hatte nicht dem Einzelnen zu dienen, sondern der „Volksgemeinschaft" in ihrem Kampf um einen „Lebensraum". Keine politische Richtung der Weimarer Republik akzeptierte den Versailler Vertrag, aber die schrittweisen Erfolge bei der „Revision" der Vertragsbestimmungen kamen keiner Partei zugute, sondern nur denjenigen, die den Vertrag in Bausch und Bogen ablehnten und den Traum von einer deutschen Groß- oder gar Weltmachtstellung weiterträumten und entsprechende Fantasien bedienten.

In diesem Kapitel werden Ideologeme, die der Nationalsozialismus aus dem Kaiserreich und der Weimarer Republik vorfand, aufgriff oder entwickelte, erläutert und ihre praktischen Konsequenzen dargestellt.

2 Antisemitische Postkarte von 1920. Zahlreiche Elemente, die später in der NS-Ideologie aufgegriffen werden, sind hier bereits vorhanden: der Antisemitismus, der Traum vom Großdeutschen Reich sowie Deutschland als angeblich unschuldiges Opfer des Versailler Vertrages. Das zerbrochene Schwert verweist auf die Dolchstoßlegende, die Krone auf das Ende der Monarchie und der Geldbeutel unten rechts auf die Reparationen.

3 Sozialdarwinismus

In der zweiten Hälfte des 19. sowie im frühen 20. Jahrhundert entstand das Konzept „Sozialdarwinismus". Hierbei werden Charles Darwins Ideen zur biologischen Evolution (Selektionstheorie) auf menschliche Gesellschaften übertragen. Die menschliche Gesellschaft wird von Sozialdarwinisten als Teil der Natur und somit als den Naturgesetzen unterworfen betrachtet. Entsprechend Darwins 1859 veröffentlichter Studie „On the Origin of Species by Means of Natural Selection" („Über die Entstehung der Arten durch natürliche Zuchtwahl"), verstanden Sozialdarwinisten die menschliche Kraft und den Kampf als wesentliche Antriebskräfte der Entwicklung von menschlichen Gesellschaften; sie entscheiden beim „Kampf ums Dasein". In den Mittelpunkt rücken somit die individuelle biologische oder genetische Überlegenheit sowie der „gesunde Volkskörper".
Sozialdarwinistische Vorstellungen wurden weiterentwickelt von Herbert Spencer, William Graham Sumner und T.H. Huxley. Sie betonten die Bedeutung des Wettkampfs zwischen Individuen innerhalb ihrer sozialen Gruppen oder in der Gesellschaft. Spencer prägte die Wendung „survival of the fittest" (Überleben des Tüchtigsten); am besten könne sich derjenige entwickeln, der sich am besten an seine Umweltbedingungen anpasse. Diese Vorstellungswelt hat auch sozialpolitische Konsequenzen: Spencer vertrat z.B. die Auffassung, sozialpolitische Maßnahmen würden den Prozess natürlicher Selektion hemmen, die „kranken" oder „schwächlichen" (also biologisch „unangepassten") Gesellschaftsmitglieder würden auf diese Weise künstlich gefördert.
Der Sozialdarwinismus hatte einen enormen Einfluss auf politische Diskussionen und Entscheidungen um die Jahrhundertwende. Er förderte rassistische Stereotypen, legitimierte den kolonialen Imperialismus und eine restriktive Einwanderungspolitik etwa der USA. Sozialdarwinistisches Denken prägte maßgeblich die rassistische und insbesondere die nationalsozialistische Bevölkerungs- und Vernichtungspolitik. Seit 1945 sind daher sozialdarwinistische Konzeptionen weithin diskreditiert.
Der Sozialdarwinismus begünstigte insbesondere die Herausbildung des modernen rassistisch begründeten Antisemitismus, der sich vom traditionellen – auf irrationalen Vorurteilen basierenden – Antijudaismus durch seine vermeintlich „wissenschaftlich abgesicherte" Position grundsätzlich unterschied. Das Judentum wurde nun als „gefährlicher Fremdkörper" im deutschen Volk verstanden, der „auszumerzen" war. Im Kontext des rassistischen Antisemitismus spielte die Frage, ob sich jemand zum Judentum bekannte oder nicht, gar keine Rolle, entscheidend wurde vielmehr die „genetische", die „blutsmäßige" Zugehörigkeit zum Judentum, die dessen Gefährlichkeit für den „deutschen Volkskörper" begründete. Auch der Mensch, der jüdische Vorfahren hatte, galt als gefährlich. – Derartige Vorstellungen entwickelten sich bereits im Kaiserreich und wurden zumal in (klein)bürgerlichen Kreisen zur weithin akzeptierten Norm. Der nationalsozialistische Antisemitismus konnte darauf zurückgreifen. Allerdings war in dem rassistischen Antisemitismus nach Auffassung der allermeisten Historiker nicht bereits von Anfang an ein „eliminatorischer Antisemitismus", also die Shoa oder der Genozid, konzeptionell angelegt, dieser entwickelte sich wohl erst im Kontext der prekären Kriegspolitik der Nationalsozialisten. In vielen Reden und auch Schriften Hitlers war allerdings seit 1920 von „Vernichtung" oder „Beseitigung" die Rede gewesen.

Autorentext

4 Kauft nicht beim Juden! (1895)

In Dortmund erschien seit 1880 fast zwanzig Jahre lang die „Westfälische Reform – Wochenblatt zur Pflege des Deutschtums und des ehrlichen Geschäftsverkehrs. Älteste judengegnerische Zeitschrift". Sie wandte sich besonders an den Mittelstand des Industriegebietes; ihre Argumentation entspricht der damals in judenfeindlichen Blättern üblichen Art:

Warum kauft man bei Juden häufig billiger als bei Eingeborenen? Man hört sehr häufig sagen, namentlich von den Frauen:
„Ich kaufe bei Juden, weil ich dort die Ware billiger bekomme." – Wiewohl diese Behauptung durchaus nicht immer wahr ist, wollen wir nicht in Abrede stellen, dass in manchen Fällen der Jude in der Lage ist, zu geringeren Preisen abzugeben wie der ehrliche Geschäftsmann. [...] Wenn man aber als Grund der Billigkeit den Fleiß der Juden anführt, so ist das ein Irrtum. Der Fleiß ist eine sittliche Tat, und den wahren Fleiß besitzt der Jude nicht, kann ihn auch nicht besitzen, er ist weder körperlich noch geistig entsprechend konstruiert. Von Natur aus mit einer lauernden, haschenden Sucht nach Gewinn behaftet, ist ihm jede gemessene, ruhige Tätigkeit zuwider, er hasst eine schwielige Faust; jede planmäßige Erlernung eines Gewerbes, einer Kunst liegt ihm fern; der gänzliche Mangel an idealer Auffassung der menschlichen Verhältnisse und des bürgerlichen Verkehrs, die Raffiniertheit und Selbstsucht, mit der er die Nationen, unter denen er vaterlandslos herumzieht, ausbeutet, die Selbsterniedrigung und Schamlosigkeit, mit der er jedes Mittel, reich zu werden, ohne Anstand benutzt, – das sind die Triebfedern, die ihn spornen und aufstacheln bei Tag und Nacht. Das ist aber nicht Fleiß. Auch nicht Sparsamkeit ist es, was den Juden reich macht. [...] Auch nicht der Klugheit kann man die ungewöhnlichen Erfolge des Juden zuschreiben. [...] Dass der Jude oft in der Lage ist, billiger zu verkaufen als sein eingeborener Konkurrent, hat andere Gründe. Erstens ist es die geringere Güte seiner Waren. Es kommt immer in erster Linie darauf an, das möglichst Billige und folglich möglichst Schlechte einzukaufen. [...] Zweitens ist es die Konkursmacherei. Entweder arbeitet der Jude durch Schleuderverkäufe auf den eigenen Bankerott hin, um seine Gläubiger zu betrügen, oder er benutzt den bevorstehenden Bankerott eines anderen, um diesem den letzten Blutstropfen abzuzapfen. Am widerlichsten ist der dritte Grund – die schamlose Bedrückung und Ausbeutung seiner Arbeiter und kleinen Lieferanten. Wenn man in der Lage wäre, das einschlägige Material so zu sammeln, dass es in der Öffentlichkeit vorgeführt werden könnte, man würde schaudern bei dem Anblick der Opfer, die in Folge jüdischer Blutsaugerei der Prostitution, dem Selbstmord, kurz dem äußersten Elend anheimfallen. – Möchte dieses doch endlich einmal, namentlich von unseren deutschen Frauen, bedacht werden. Möchten sie doch einmal überlegen, wie manche bange Sorge sie aus den Läden der Juden mit sich nach Hause nehmen, wenn sie dort die Ware billiger gekauft haben als bei ihren Landsleuten. Möchten sie endlich bedenken, dass sie sich zum Mitschuldigen machen am Betrug des Juden.

Westfälische Reform, 15. Jahrgang, Nr. 40 vom 5.10.1895.

5 **„Carnevals Bilder“.** Karikatur von Adolf Oberländer, Fliegende Blätter, München 1882. Beachten Sie, wie die dargestellten Menschen gezeichnet sind.

6 Heinrich Claß, Vorsitzender des Alldeutschen Verbandes: Die Juden unter Fremdenrecht (1912)

Eine Gesundung unseres Volkslebens, und zwar aller seiner Gebiete, kulturell, moralisch, politisch, wirtschaftlich, und die Erhaltung der wiedergewonnenen Gesundheit ist nur möglich, wenn der jüdische Einfluss entweder ganz ausgeschaltet oder auf das Maß des Erträglichen, Ungefährlichen zurückgeschraubt wird. […] Die Forderung muss sein: Die landansässigen Juden werden unter Fremdenrecht gestellt.

Die Vorfrage lautet: Wer ist Jude, und schon sie muss mit Härte beantwortet werden, indem man zwar den Glauben als ursprüngliches Erkennungszeichen ansieht, aber die Rassenangehörigkeit ins Auge fasst und auch den vom jüdischen Glauben Abgewandten als Juden behandelt, gleichzeitig auch für die Nachkommen von Mischehen an dem alten germanischen Grundsatze festhält, dass sie der „ärgeren Hand“ folgen. Man müsste, um durchzuschlagen, bestimmen: Jude im Sinne des geforderten Fremdenrechts ist jeder, der am 18. Januar 1871 der jüdischen Religionsgemeinschaft angehört hat, sowie alle Nachkommen von Personen, die damals Juden waren, wenn auch nur ein Elternteil jüdisch war oder ist.

Man mag diese Zeitbestimmung willkürlich finden, wie sie es tatsächlich ist, wird aber zugeben müssen, dass praktisch eine solche zur Feststellung des Begriffs „Jude“ erforderlich ist; es mag geprüft werden, ob der Stichtag früher oder später gelegt werden soll.

Als Jude würde also nach dem obigen Vorschlage behandelt z. B. der Enkel eines im Jahre 1875 zum Protestantismus übergetretenen Juden, dessen Tochter einen Nichtjuden, z. B. Offizier geheiratet hatte. Dies klingt im Sinne unserer bisherigen Nachgiebigkeit unerhört, ist es aber den Tatsachen gegenüber nicht: denn die Erfahrung lehrt, dass solch ein Kind rassisch wirklich der ärgeren Hand folgt.

Im vollen Bewusstsein dessen, was damit verlangt ist, wird diese Begriffsbestimmung vorgeschlagen, ja gerade im Hinblick auf die verhängnisvolle Rolle der Halbblütigen, durch deren Vermittlung der jüdische Geist, jüdische Gesinnung als Naturfolgen jüdischen Blutes in die obersten Schichten unseres Volkes eingedrungen sind und einzudringen drohen; auch hier heißt es, nicht nur für die Zukunft zu verhindern, sondern gutzumachen, was bereits verfehlt worden ist.

Sonach stünde fest, wer Jude ist und unter Fremdenrecht gestellt werden soll; was aber soll das Fremdenrecht bestimmen? Es soll den Strich zwischen Deutschen und Juden ziehen und die Möglichkeiten einschränken, eine volksschädigende Wirkung auszuüben. Dahin gehören folgende Maßnahmen:

Den Juden bleiben alle öffentlichen Ämter verschlossen, einerlei ob gegen Entgelt oder im Ehrenamt, einerlei ob für Reich, Staat und Gemeinde.

Zum Dienst in Heer und Flotte werden sie nicht zugelassen.

Sie erhalten weder aktives noch passives Wahlrecht. Der Beruf der Anwälte und Lehrer ist ihnen versagt; die Leitung von Theatern desgleichen.

Zeitungen, an denen Juden mitarbeiten, sind als solche kenntlich zu machen; die anderen, die man allgemein „deutsche“ Zeitungen nennen kann, dürfen weder in jüdischem Besitz stehen noch jüdische Leiter und Mitarbeiter haben.

Ländlicher Besitz darf in Zukunft weder in jüdischem Eigentum stehen noch mit solchen Hypotheken belastet werden.

Als Entgelt für den Schutz, den die Juden als Volksfremde genießen, entrichten sie doppelte Steuern wie die Deutschen.

Daniel Frymann (Pseud. für Heinrich Claß): Wenn ich der Kaiser wär' – Politische Wahrheiten und Notwendigkeiten. 2. Aufl. Leipzig 1912, S. 74–76.

7 Adolf Hitler: Marxismus als Zerstörer der Kultur (1924)

Die gedankliche Verbindung zwischen Judentum und Marxismus war ein bereits etabliertes antisemitisches Klischee. Bei Hitler wird es bereits in den 1920er-Jahren deutlich:

Ich war vom schwächlichen Weltbürger zum fanatischen Antisemiten geworden.

Nur einmal noch – es war das letzte Mal – kamen mir in tiefster Beklommenheit ängstlich drückende Gedanken.

Als ich so durch lange Perioden menschlicher Geschichte das Wirken des jüdischen Volkes forschend betrachtete, stieg mir plötzlich die bange Frage auf, ob nicht doch vielleicht das unerforschliche Schicksal aus Gründen, die uns armseligen Menschen unbekannt, den Endsieg dieses kleinen Volkes in ewig unabänderlichem Beschlusse wünsche.

Sollte diesem Volke, das ewig nur dieser Erde lebt, die Erde als Belohnung zugesprochen sein?

Haben wir ein objektives Recht zum Kampf für unsere Selbsterhaltung, oder ist auch dies nur subjektiv in uns begründet?

Indem ich mich in die Lehre des Marxismus vertiefte und so das Wirken des jüdischen Volkes in ruhiger Klarheit einer Betrachtung unterzog, gab mir das Schicksal selber seine Antwort. Die jüdische Lehre des Marxismus lehnt das aristokratische Prinzip der Natur ab und setzt an Stelle des ewigen Vorrechtes der Kraft und Stärke die Masse der Zahl und ihr totes Gewicht. Sie leugnet so im Menschen den Wert der Person, bestreitet die Bedeutung von Volkstum und Rasse und entzieht der Menschheit damit die Voraussetzung ihres Bestehens und ihrer Kultur. Sie würde als Grundlage des Universums zum Ende jeder gedanklich für Menschen fasslichen Ordnung führen. Und so wie in diesem größten erkennbaren Organismus nur Chaos das Ergebnis der Anwendung eines solchen Gesetzes sein könnte, so auf der Erde für die Bewohner dieses Sternes nur ihr eigener Untergang.

Siegt der Jude mit Hilfe seines marxistischen Glaubensbekenntnisses über die Völker dieser Welt, dann wird seine Krone der Totentanz der Menschheit sein, dann wird dieser Planet wieder wie einst vor Jahrmillionen menschenleer durch den Äther ziehen. Die ewige Natur rächt unerbittlich die Übertretung ihrer Gebote. So glaube ich heute im Sinne des allmächtigen Schöpfers zu handeln: Indem ich mich des Juden erwehre, kämpfe ich für das Werk des Herrn.

Adolf Hitler: Mein Kampf. München 1935, S. 69 f.

8 Antisemitismus in der Kaiserzeit

Der Historiker Hans-Ulrich Wehler zur gesellschaftlichen Wirksamkeit des Antisemitismus im Kaiserreich und in der Weimarer Republik (1995):

Trotz des Scheiterns der Antisemitenparteien [im Deutschen Kaiserreich] wäre es aber völlig verfehlt, ihre Niederlage mit einem Rückgang des modernen Antisemitismus überhaupt gleichzusetzen. Vielmehr hatte er sich inzwischen in manchen Sozialmilieus und Klassen der reichsdeutschen Gesellschaft verhängnisvoll tief eingenistet. [...] In der Mittelstandsbewegung, im DNHV [Deutschnationaler Handlungsgehilfenverband], bei den Alldeutschen und überhaupt in den nationalen Verbänden blieb der Antisemitismus in der Mentalität der Anhänger ungebrochen und im Vokabular präsent [...].

Und im politisch-administrativen System grassierten die antisemitischen Vorurteile unentwegt weiter. [...] 1866 war in Preußen das Gesetz gegen die Einstellung jüdischer Richter endlich aufgehoben worden. Bis 1914 aber gab es gerade einmal zweihundert jüdische Amtsrichter, die ohne jede Chance beruflichen Aufstiegs blieben. Von fünfundzwanzigtausend Einjährig-Freiwilligen jüdischer Herkunft, die zwischen 1871 und 1914 als potenzielle Offiziersanwärter in die Armee eintraten, konnten einundzwanzig zum Leutnant der Reserve avancieren. Einen jüdischen Berufsoffizier gab es nicht. Offener oder latenter, jedenfalls wirksamer Antisemitismus blieb ein Kennzeichen auch des kaiserlichen Offizierskorps. Nein, der Misserfolg der Antisemitenparteien bedeutete keineswegs das Ende des gesellschaftlich breit diffundierten modernen Antisemitismus. Als der Erste Weltkrieg ihn gefährlich steigerte und die Niederlage die Jagd nach Sündenböcken auslöste, dehnte er sich weiter aus, und die neuen völkisch-antisemitischen Verbände und Parteien konnten bis 1932 ein bisher unvorstellbares Wählerpotenzial mobilisieren.

H.-U. Wehler: Deutsche Gesellschaftsgeschichte Bd. 3: 1849–1914. München 1995, S. 1064 ff.

9 Rassenhygiene: „Die Freigabe der Vernichtung lebensunwerten Lebens. Ihr Maß und ihre Form"

Die Professoren Dr. jur. et. phil. Karl Binding (früher in Leipzig) und Dr. med. Alfred Hoche (in Freiburg) untersuchen die Frage: „Gibt es Menschenleben, die so stark die Eigenschaft des Rechtsguts eingebüßt haben, dass ihre Fortdauer für die Lebensträger wie für die Gesellschaft dauernd allen Wert verloren hat?" (1920):

Diese Frage ist im Allgemeinen zunächst mit Bestimmtheit zu bejahen [...] bei der ersten Gruppe der durch Krankheit oder Verwundung unrettbar Verlorenen wird nicht immer der subjektive und der objektive Lebenswert gleichmäßig aufgehoben sein, während bei der zweiten, auch zahlenmäßig größeren Gruppe der unheilbar Blödsinnigen, die Fortdauer des Lebens weder für die Gesellschaft noch für die Lebensträger selbst irgendwelchen Wert besitzt. [...]

Auch in Bezug auf die wirtschaftliche und moralische Belastung der Umgebung, der Anstalten, des Staates usw. bedeuten die geistig Toten keineswegs immer das gleiche. Die geringste Belastung in dieser Richtung wird durch die Fälle von Hirnerweichung der einen oder anderen Art gegeben, die von dem Momente an, in welchem von geistigem völligem Tode gesprochen werden kann, in der Regel nur noch eine Lebensspanne von wenigen Jahren (höchstens) vor sich haben. Einen ein wenig weiteren Spielraum

10 Wahlkundgebung der deutschen Wissenschaft in Leipzig, Alberthalle, 11. November 1933 (Appell an die Welt, den Kampf Hitlers um Deutschlands Gleichberechtigung zu unterstützen). Auf dem Podium der Rektor der Berliner Universität, Eugen Fischer, daneben u. a. Martin Heidegger, Rektor der Universität Freiburg (mit Kreuz).

finden wir bei den Fällen von Greisenblödsinn. Die durch jugendliche Prozesse geistig Verödeten können unter Umständen in diesem Zustande noch 20 oder 30 Jahre leben, während bei den Fällen von Vollidiotie auf Grund allerfrühester Veränderungen eine Lebensdauer und damit die Notwendigkeit fremder Fürsorge von zwei Menschenaltern und darüber erwachsen kann.

In wirtschaftlicher Beziehung würden also diese Vollidioten, ebenso wie sie auch am ehesten alle Vorraussetzungen des vollständigen geistigen Todes erfüllen, gleichzeitig diejenigen sein, deren Existenz am schwersten auf der Allgemeinheit lastet.

Diese Belastung ist zum Teil finanzieller Art und berechenbar an Hand der Aufstellung der Jahresbilanzen der Anstalten. Ich habe es mir angelegen sein lassen, durch eine Rundfrage bei sämtlichen deutschen in Frage kommenden Anstalten mir hierüber brauchbares Material zu verschaffen. Es ergibt sich daraus, dass der durchschnittliche Aufwand pro Kopf und Jahr für die Pflege der Idioten bisher 1300 M. betrug. Wenn wir die Zahl der in Deutschland zurzeit gleichzeitig vorhandenen, in Anstaltspflege befindlichen Idioten zusammenrechnen, so kommen wir schätzungsweise etwa auf eine Gesamtzahl von 20–30000. Nehmen wir für den Einzelfall eine durchschnittliche Lebensdauer von 50 Jahren an, so ist leicht zu ermessen, welches ungeheure Kapital in Form von Nahrungsmitteln, Kleidung und Heizung dem Nationalvermögen für einen unproduktiven Zweck entzogen wird. [...]

Die Frage, ob der für diese Kategorien von Ballastexistenzen notwendige Aufwand nach allen Richtungen hin gerechtfertigt sei, war in den verflossenen Zeiten des Wohlstandes nicht dringend; jetzt ist es anders geworden, und wir müssen uns ernstlich mit ihr beschäftigen. Unsere Lage ist wie die der Teilnehmer an einer schwierigen Expedition, bei welcher die größtmögliche Leistungsfähigkeit Aller die unerlässliche Voraussetzung für das Gelingen der Unternehmung bedeutet, und bei der kein Platz ist für halbe, Viertels- und Achtels-Kräfte. Unsere deutsche Aufgabe wird für lange Zeit sein: eine bis zum höchsten gesteigerte Zusammenfassung aller Möglichkeiten, ein Freimachen jeder verfügbaren Leistungsfähigkeit für fördernde Zwecke. Der Erfüllung dieser Aufgabe steht das moderne Bestreben entgegen, möglichst auch die Schwächlinge aller Sorten zu erhalten, allen, auch den zwar nicht geistig toten, aber doch ihrer Organisation nach minderwertigen Elementen Pflege und Schutz angedeihen zu lassen – Bemühungen, die dadurch ihre besondere Tragweite erhalten, dass es bisher nicht möglich gewesen, auch nicht im Ernste versucht worden ist, diese von der Fortpflanzung auszuschließen. [...]

Vor dem Standpunkte einer höheren staatlichen Sittlichkeit aus gesehen kann nicht wohl bezweifelt werden, dass in dem Streben nach unbedingter Erhaltung lebensunwerter Leben Übertreibungen geübt worden sind. Wir haben es, von fremden Gesichtspunkten aus, verlernt, in dieser Beziehung den staatlichen Organismus im selben Sinne wie ein Ganzes mit eigenen Gesetzen und Rechten zu betrachten, wie ihn etwa ein in sich geschlossener menschlicher Organismus darstellt, der wie wir Ärzte wissen, im Interesse der Wohlfahrt des Ganzen auch einzelne wertlos gewordene oder schädliche Teile oder Teilchen preisgibt und abstößt. [...]

Wir werden vielleicht eines Tages zu der Auffassung heranreifen, dass die Beseitigung der geistig völlig Toten kein Verbrechen, keine unmoralische Handlung, keine gefühlsmäßige Rohheit, sondern einen erlaubten nützlichen Akt darstellt. [...]

11 Prof. Dr. med. Alfred Hoche, Universität Freiburg, Mitverfasser von M9, um 1940

Im Falle der Tötung eines geistig Toten, der nach Lage der Dinge, vermöge seines Hirnzustandes, nicht imstande ist, subjektiven Anspruch auf irgendetwas, u.a. also auch auf das Leben zu erheben, wird somit auch kein subjektiver Anspruch verletzt. [...]

Das Bewusstsein der Bedeutungslosigkeit der Einzelexistenz, gemessen an den Interessen des Ganzen, das Gefühl einer absoluten Verpflichtung zur Zusammenraffung aller verfügbaren Kräfte unter Abstoßung aller unnötigen Aufgaben, das Gefühl, höchst verantwortlicher Teilnehmer einer schweren und leidensvollen Unternehmung zu sein, wird in viel höherem Maße, als heute, Allgemeinbesitz werden müssen. [...] Für den Arzt besteht nicht der geringste Zweifel, dass diese Auswahl mit hundertprozentiger Sicherheit zu treffen ist, also mit einem ganz anderen Maße von Sicherheit, als etwa bei hinzurichtenden Verbrechern die Frage, ob sie geistig gesund, oder geistig krank sind, entschieden werden kann.

Karl Binding und Alfred Hoche: Die Freigabe der Vernichtung lebensunwerten Lebens. Ihr Maß und ihre Form. Leipzig 1920, S. 51ff.

12 Biologische Ehehygiene vor 1933: „Volksverbesserung“ statt Volksvermehrung

Die Historikerin Kirsten Reinert untersucht rassenhygienische Vorstellungen aus der Zeit des Kaiserreiches und der Weimarer Republik:

Mit dem Ersten Weltkrieg manifestierte sich für Rassenhygieniker, Sexualwissenschaftler und Eugeniker der Zusammenhang von Gesundheit und Sexualität; sie stellten Hypothesen über den Zustand des „Volkskörpers“ nach dem Krieg auf und kamen zu folgenden Ergebnissen: Qualitative „Schädigungen“ der Bevölkerung durch den Krieg beeinflussten die Fortpflanzung und die Häufung der Invalidität stelle eine Gefährdung der „erfolgreichen Aufzucht“ der Nachkommen dar; die für den Kriegsdienst tauglich befundenen Männer würden durch Tod oder Verkrüppelung aus dem „Fortpflanzungsprozess ausscheiden“, während „Schwächlinge und Missbildete“ vollzählig erhalten blieben. Infolge des Männermangels hätten die „missbildeten Männer“ mehr Aussicht auf Eheschließung und Fortpflanzung. Überdies würden „sexuelle Übelstände“, wie die Zunahme der Prostitution, den „Gesellschaftskörper stärker als bisher schädigen“. Dadurch sei dem „Ausbau der Eugenik“ eine hohe Bedeutung beizumessen, damit die Qualität künftiger Generationen „durch größtmögliche Beachtung einer planvollen Rassenhygiene gesichert und gehoben werden“ könne. Zu dem Zweck der „Volksverbesserung statt Volksvermehrung“ bedürfe es der Unterstützung durch staatliche Organisationen. So sollten ärztliche Gesundheitsatteste eingeführt, Geisteskranke und Verbrecher einer zwangsweisen Sterilisierung unterzogen werden.

Die Auswirkungen des Weltkrieges und der Wirtschaftskrise ließen erneut und verstärkt die Frage aufkommen, wie „Auslesebedingungen“ geschaffen werden sollten, die eine langfristige „Aufartung“ des „degenerierten Volkskörpers“ garantierten. Der Begriff „Volkskörper“, den es bereits in der Vorkriegszeit gab und der nach dem Krieg leitmotivisch verwendet wurde, signalisierte ein Gesellschaftsverständnis, das den Primat des Biologischen hervorhob. Biologisch-medizinische Aspekte traten gegenüber sozialreformerischen Ansprüchen in den Vordergrund; der Erhalt und die Verbesserung der Fortpflanzungsqualität erschienen wichtiger als das soziale Schicksal der Kriegsversehrten. Angesichts der vielen Geschlechtskranken, der Kriegsversehrten und der Zunahme sozialen Elends verlangten die vor dem Krieg gewonnenen theoretischen Einsichten der Rassenhygiene und Eugenik nach einer entsprechenden politischen Realisierung. Der Kreis derjenigen, die ein Interesse an Möglichkeiten „menschlicher Selektion“ bekundeten, erweiterte sich. Die Anzahl der Veranstaltungen zu rassenhygienischen und eugenischen Theorien stieg nach dem Kriege an. Anatomen und Anthropologen interessierten sich ebenfalls für rassenhygienische Lehrinhalte. Der erste Lehrstuhl für Rassenhygiene, der 1923 an der Universität München von dem Sozialdarwinisten Fritz Lenz bezogen wurde, stellte nur noch eine Formsache, aber kein Novum mehr dar: Bereits die zu Beginn des Jahrhunderts errichteten Institute für Sozialhygiene boten zunehmend mehr Vorlesungen rassenhygienischer und eugenischer Prägung an. Die akademische Anerkennung der Rassenhygiene beschleunigte die „eugenische Reglementierung der Gesellschaft“ (Foucault), der sich auch einige Sexualreformer anschlossen.

Kirsten Reinert: „Dass der richtige Mann auch die richtige Frau findet“. Ehehygiene in den zwanziger Jahren. In: Regina Löneke und Ita Spieker (Hg.): Reinliche Leiber – Schmutzige Geschäfte. Göttingen 1996, S. 270 f.

13 Mit Plakaten wie diesen warb die NSDAP für „Aufklärungsschriften“, in denen – gemäß der rassistischen Erblehre der Nazis – erläutert wurde, welche Eltern Kinder haben sollten. Allen, die dieser Ideologie nicht entsprachen, wurde dieses Recht abgesprochen.

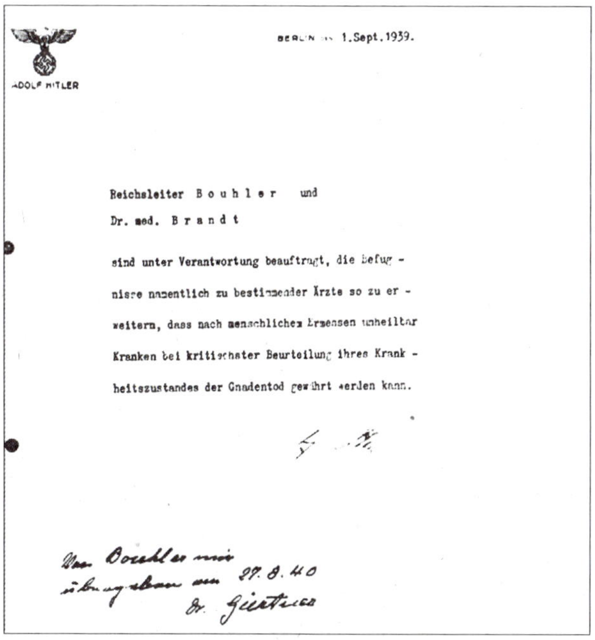

ADOLF HITLER

BERLIN, 1.Sept.1939.

Reichsleiter Bouhler und
Dr. med. Brandt

sind unter Verantwortung beauftragt, die Befugnisse namentlich zu bestimmender Ärzte so zu erweitern, dass nach menschlichem Ermessen unheilbar Kranken bei kritischster Beurteilung ihres Krankheitszustandes der Gnadentod gewährt werden kann.

[Unterschrift]

Von Bouhler mir übergeben am 27.8.40
Dr. Gürtner

14 Die Ermordung Kranker und Behinderter wurde mit diesem Befehl Hitlers vom 1. September 1939 (zurückdatiert) endgültig ermöglicht. Der unterzeichnende Dr. Gürtner hatte mit dem Buch „Rassenkunde des deutschen Volkes“ den theoretischen Boden dafür bereitet.

15 Folgen für behinderte Menschen

Die Sozialpädagogin Karin Däbritz beschreibt die Konsequenzen, die die Nationalsozialisten unmittelbar nach der Machtübertragung aus ihrer Erblehre zogen und was dies für behinderte Menschen bedeutete:

Die Einteilung von Menschen in Wertkategorien von „minderwertig" und „höherwertig" blieb eines der zentralen Elemente des Nationalsozialismus. [...] Die nationalsozialistische Regierung ging bereits kurz nach ihrer Machtübernahme mit Nachdruck daran, ein Sterilisierungsgesetz einzuführen. So wurde am 14.7.1933 das Gesetz zur Verhütung erbkranken Nachwuchses (GVeN) vom Reichskabinett verabschiedet. Es trat am 1.1.1934 in Kraft. Die Notwendigkeit solch eines eugenischen Sterilisierungsgesetzes begründete Reichsinnenminister Wilhelm Frick 1933 mit dem drohenden kulturellen Niedergang Deutschlands. [...]

Aufgrund solcher Agitationen wurde die Behinderung, darunter auch die körperliche Fehlbildung, zunehmend als Zeichen der Bedrohung für die Gesellschaft hochstilisiert, weshalb sie mit allen Mitteln bekämpft werden sollte. So strebte die Regierung eine möglichst flächendeckende Umsetzung der „erbpflegerischen" Maßnahmen an. Dies konnte erreicht werden, indem laut Art. 3 Abs. 4 der Ersten Ausführungsverordnung des Gesetzes alle im medizinischen Sektor tätigen Personen, ausdrücklich auch Hebammen, verpflichtet waren, Personen, die an einer „Erbkrankheit" leiden, unverzüglich dem Amtsarzt zu melden. Diesem wiederum wurde die Pflicht auferlegt, die Erbkranken zu erfassen und deren Sterilisation voranzutreiben, dabei konnte laut Art. 6 Abs. 5 der 1. VO auch eine zwangsweise Unfruchtbarmachung unter Zuhilfenahme der Polizeibehörde angeordnet werden.

Diese nach unserem heutigen Empfinden massiven Eingriffe in Persönlichkeitsrechte behinderter Menschen rechtfertigte Franz Maßfeller, Amtsgerichtsrat im Reichsjustizministerium wiederum mit der Theorie der „differentiellen Geburtenrate" bzw. der Triebhaftigkeit behinderter Menschen. [...]

Es sind allerdings auch Fälle bekannt, bei denen trotz nachweislicher Nichterblichkeit Sterilisationen vorgenommen wurden. So war z.B. schon zu Beginn der 30er-Jahre bekannt, dass die infantile Cerebralparese auf Geburtsschäden und andere Erkrankungen des frühkindlichen Gehirns zurückzuführen war und es sich demzufolge nicht um eine Erbkrankheit handeln konnte. Dessen ungeachtet wurden, so Gunther Link, Frauen, die an einer angeborenen spastischen Lähmung beider Beine litten, in der Frauenklinik Freiburg unfruchtbar gemacht. Da bei diesen Frauen neben der spastischen Lähmung Formen der geistigen Behinderung bzw. der Epilepsie vorlagen, ist davon auszugehen, dass diese Mehrfachdiagnosen letztlich zur Unfruchtbarmachung führten, was die These stützt, dass die Anzahl mehrfachbehinderter Menschen unter den Zwangssterilisierten möglicherweise sehr hoch war. Wie massiv die Propaganda von der Vererbbarkeit einer körperlichen bzw. geistigen Behinderung über Jahrzehnte hinweg verbreitet wurde, zeigt sich darin, dass noch heute, 60 Jahre nach dem Ende des Nationalsozialismus, diese Zuschreibung in der Meinungsbildung auftritt. [...]

Aus diesen Ausführungen ist deutlich zu entnehmen, dass die Indikationsstellung zur eugenischen Sterilisation durch das Erbgesundheitsgericht weniger in wissenschaftlich fundierten und medizinisch begründeten Diagnosestellungen bestand, sondern hauptsächlich auf einer sozialen Bewertung nach der Leistung beruhte, also der Brauchbarkeit des Einzelnen für die Volksgemeinschaft. So fasst Gunther Link zusammen: Zuerst wurden die zu erfassenden „Erbkrankheiten" danach ausgesucht, inwiefern sie die Brauchbarkeit eines Betroffenen für die Volksgemeinschaft einschränkten. Dann wurde die Grenzziehung des einzubeziehenden Schwere- bzw. Ausprägungsgrades an der daraus resultierenden auf die Volksgemeinschaft bezogenen Leistungseinbuße vorgenommen. Schließlich floss der Wert des Einzelnen bzw. seiner „Sippe" als Beurteilungskriterium ein. Die Frage war also, ob sich der Einzelne in die Volksgemeinschaft einordnen und sich bewähren würde, oder ob „Minderwertigkeit" vorliege, welche sich in Gemeinschaftsunfähigkeit und „Asozialität" äußere. Nach dieser Logik und in Fortführung des Sozialdarwinismus stellte jede Wohlfahrtsunterstützung und Sozialhilfe, jede Erziehung einen vergeblichen Aufwand dar, einen Aufwand, der in den Augen der Nationalsozialisten den „gesunden Volksgenossen", in die eine Investition lohne, die notwendige Zuwendung entziehen würde.

Karin Däbritz: Sexualität und körperliche Behinderung als Herausforderung in der Sozialen Arbeit, Diplomarbeit zur Erlangung des Grades einer Diplomsozialarbeiterin/Sozialpädagogin an der Fachhochschule für Sozialarbeit und Sozialpädagogik „Alice Salomon", 2005

16 Geistig behinderte Kinder und Jugendliche in der Heilanstalt Schönbrunn bei Dachau (Februar 1934), in der sie im Zusammenhang mit dem „Euthanasie"-Programm ermordet wurden.
Viele Frauen und Mädchen wurden bereits 1934/1935 wegen ihrer Behinderung zwangssterilisiert. Dabei ging es keineswegs darum, ob die Behinderung tatsächlich vererbbar war. Vielmehr galt das Leben behinderter Menschen generell als „lebensunwert". Ab 1939 setzten die planmäßigen Tötungen mittels Giftgas ein. Den Angehörigen wurde ein Totenschein mit einer falschen Todesursache ausgestellt.

17 Psychosoziales Trauma und Gewalt

Die Historikerin Petra Maria Schulz über die Ästhetisierung von Gewalt in der Weimarer Republik:

Der Nationalsozialismus reagierte auf die traumatische Disposition der Bevölkerung, er war selbst ein Produkt dieser psychosozialen Situation der Nachkriegszeit. 1923 schrieb Hitler in „Mein Kampf“: „Es war also alles umsonst gewesen. Umsonst all die Opfer und Entbehrungen, umsonst der Hunger und Durst von manchmal endlosen Monaten, vergeblich die Stunden, in denen wir, von Todesangst umkrallt, dennoch unsere Pflicht taten, und vergeblich der Tod von zwei Millionen, die dabei starben. Mussten sich nicht die Gräber all der Hunderttausende öffnen, die im Glauben an das Vaterland einst hinausgezogen waren, um niemals wiederzukehren? Mussten sie sich nicht öffnen und die stummen, schlamm- und blutbedeckten Helden als Rachegeister in die Heimat senden, die sie um das höchste Opfer, das auf dieser Welt der Mann seinem Volke zu bringen vermag, so hohnvoll betrogen hatte? […] Geschah dies alles dafür, dass nun ein Haufen elender Verbrecher die Hand an das Vaterland zu legen vermochte? […] Kaiser Wilhelm II. hatte als erster deutscher Kaiser den Führern des Marxismus die Hand zur Versöhnung gereicht, ohne zu ahnen, dass Schurken keine Ehre besitzen. Während sie die kaiserliche Hand noch in der ihren hielten, suchte die andere schon nach dem Dolche. […] Mit den Juden gibt es kein Paktieren, sondern nur das harte Entweder-Oder. Ich aber beschloss, Politiker zu werden.“

Hitlers teils theatralische, teils sentimentale Ausführungen versammelten in nuce [folgende] Topoi. Die Opferbereitschaft der Gefallenen kontrastierte er mit dem Mythos vom „Dolchstoß“ und kriminalisierte die Gründer der Republik als Schurken und Verbrecher; Ehrlosigkeit und Heimtücke seien ihre hervorstechenden Eigenschaften. Der rigide und polarisierende Freund-Feind-Schematismus seines Denkens, der Antibolschewismus und der Antisemitismus seiner politischen Haltung treten deutlich hervor.

Vermutlich handelt es sich bei seiner Darstellung um eine retrospektive Stilisierung; sein Beschluss, Politiker zu werden, scheint erst später gefallen zu sein. Signifikant ist jedoch, dass Hitler den entscheidenden Wendepunkt seines Lebens jener Situation zuordnet, in der er von Niederlage und Revolution erfahren haben will. Diese schildert er als sein Erweckungserlebnis und stellt sich damit unmittelbar in die Nachfolge jener gefallenen Helden, deren Opferbereitschaft und Idealismus angeblich verraten worden waren. Auf diese Weise präsentiert er sich als ihr Kamerad und Rächer und zugleich als Mittler zwischen den Lebenden und den Toten.

Er bedient sich damit eines semantischen Sets, das in der politischen Kultur der deutschen Gesellschaft tief verankert war und zahlreiche Anknüpfungspunkte an breite gesellschaftliche Gruppen bot. Es sakralisiert Kampf- und Opferbereitschaft und fordert und legitimiert aus dem Rache- und Nachfolgegedanken heraus neue Opfer. Seine Politisierung begründet er mit dem Erlebnis von Niederlage, Revolution und dem bedrohlichen Sinnvakuum, das er mit der Mehrheit der deutschen Bevölkerung teilte, dem unerträglichen Gedanken eines Verlustes von zwei Millionen Menschenleben ohne den angeblich zustehenden Lohn des deutschen Sieges. […]

Mit dem Einsatz des idealistischen semantischen Repertoires für Propagandazwecke setzte der Nationalsozialismus zugleich Elemente dieses weit verbreiteten psychosozialen Traumas für direkte parteipolitische Werbung ein. Diese Politisierung des Helden- und Opfermythos dokumentiert ein Bildplakat, mit dem sich die NSDAP nach ihrer Reorganisation zur Reichstagswahl 1928 präsentierte. Noch vor dem großen Boom der Kriegsliteratur und Kriegsbegeisterung berief sie sich hiermit auf die Tradition und den Auftrag der Weltkriegsgefallenen und erhoffte dadurch, Wählerstimmen zu gewinnen.

Das Plakat zeigt das Brustbild eines Frontsoldaten mit Stahlhelm, ein Gewehrlauf ragt auf der linken Seite des Plakates über seine Schulter. (▶ M 18) Sein kompakt dargestellter Körper wirkt monumental und statisch. Im Zentrum des Bildes steht das hagere und kantige Gesicht des Soldaten. Allein seine leuchtenden Augen bringen Dynamik in die in grau gehaltene Darstellung. Sie fixieren direkt den Betrachter. Die an ein Denkmal erinnernde Gestaltung des Soldatenkörpers knüpft an den Gefallenenkult an, gleichzeitig konnotiert sie die Vorstellung des Wiedergängers, des toten Soldaten, der keine Ruhe findet, bis der Auftrag der Weltkriegsgefallenen erfüllt ist. Insofern sind die tief in ihren Höhlen liegenden Augen beschwörend auf den Betrachter gerichtet. […]

Dieses Plakat steht in ikonographischer Tradition der Kriegsanleihe-Plakate des Ersten Weltkrieges und der Rekrutierungsplakate von Freikorps und Reichswehr. Es orientiert sich am Frontsoldatenmythos. Die jugendlichen, eher runden Gesichtszüge […] sind auch hier einer markanten Härte gewichen, physiognomisches Zeichen für den durch die Härte und Entbehrungen der Grabenkämpfe geprägten Frontsoldatentypus.

Petra Maria Schulz: Ästhetisierung von Gewalt in der Weimarer Republik. Münster 2004, S. 166f.

18 Nationalsozialistisches Plakat zu den Reichstagswahlen am 20. Mai 1928

19 „Wir stehen als Sieger auf den Trümmern“

Joseph Goebbels, der Propagandaleiter der NSDAP, notierte am 28. Mai 1932 in sein Tagebuch:

Im Plenum [des preußischen Landtags] kommt es zum Ausbruch der bis zur Siedehitze angespannten Erregung. Einer von uns wird von den Kommunisten als Mörder beschimpft. Der bolschewistische [kommunistische] Fraktionsführer Pieck provoziert auf das maßloseste von der Rednertribüne herab. Ein Kommunist schlägt einem Parteigenossen mitten ins Gesicht. Das ist das Signal zur Abrechnung. Sie ist kurz und bündig, und wird mit Tintenfässern und Stühlen ausgefochten. In 3 Minuten sind wir allein im Saal. Die Kommunisten sind herausgeprügelt, während die [bürgerlichen] Mittelparteien in der vorzeitigen Flucht ihr Heil gesucht haben. Unsere Fraktion singt das Horst-Wessel-Lied [Kampflied der NSDAP]. 8 Schwerverletzte aus verschiedenen Parteien. Das war ein warnendes Beispiel. So allein kann man sich Respekt verschaffen. Das Plenum bietet den Anblick einer grauenhaften Verwüstung. Wir stehen als Sieger auf den Trümmern. […]
Wir diktieren gleich den Bericht für die Presse. Wir müssen den anderen zuvorkommen. Brachialgewalt gegen Provokation, das ist das einzige, was imponiert. Scheu und voll Achtung schleichen die jüdischen Journalisten um die Trümmer und Blutlachen herum. Wie wird ihnen zumute sein?

J. Goebbels: Vom Kaiserhof zur Reichskanzlei. München 1934, S. 100f.

20 Gewalt als politisches Kampfmittel gegen den inneren Feind

Der amerikanische Historiker Robert Paxton zu dem prominenten Mittel des alltäglichen Terrors:

Die faschistische Gewalt war weder zufällig noch beliebig. Durch sie wurden wohlkalkulierte Botschaften übermittelt: dass die kommunistische Gewalt ansteige, der demokratische Staat darauf unzureichend reagiere und dass nur die Faschisten stark genug seien, die Nation vor antinationalen Terroristen zu schützen. Ein entscheidender Schritt der Faschisten auf dem Weg zu Akzeptanz und Macht war, Law-and-Order-Konservative und Angehörige der Mittelklasse zu überzeugen, faschistische Gewalt als harte Notwendigkeit angesichts linker Provokationen zu tolerieren. Dabei half es natürlich, dass viele gewöhnliche Bürger die Gewalt der Faschisten nie gegen sich selbst gerichtet empfanden, denn sie waren überzeugt, diese Gewalt sei „nationalen Feinden“ vorbehalten und „Terroristen“, die sie wohl verdienten.
Die Faschisten forderten die Unterscheidung zwischen Mitgliedern einer Nation, die Schutz benötigten, und Außenseitern, die eine rohe Behandlung verdienten. Einer der spektakulärsten Fälle von Nazi-Gewalt vor der Machterlangung war die Ermordung eines kommunistischen polnischen Arbeiters in der schlesischen Stadt Potempa durch fünf SA-Männer im August 1932. Der Fall geriet zu einer Sensation, als die Todesurteile für die Mörder unter dem Druck der Nazis in „lebenslänglich“ umgewandelt wurden. Der Parteitheoretiker der NSDAP, Alfred Rosenberg, nutzte die Gelegenheit, den Unterschied zu unterstreichen zwischen einer bürgerlichen Justiz, bei der „ein dazu noch polnischer Kommunist fünf Deutsche, Frontsoldaten“ aufwiege und einer nationalsozialistischen Ideologie, nach der „nicht Seele gleich Seele, nicht Mensch gleich Mensch“ sei. Tatsächlich, so Rosenberg weiter, gebe es für den Nationalsozialismus kein „Recht an sich“. Diese Legitimierung von Gewalt gegen einen dämonisierten inneren Feind bringt uns nahe an den Kern des Faschismus.

21 Plakat mit Gewaltdarstellung. Ähnlich wie in der nationalsozialistischen Propagandasprache waren auch in der Bildsprache Gewaltdarstellungen zahlreich. Dem „Zerschmettern“ entsprach das Werkzeug oder die Faust eines Arbeiters oder Soldaten.
Beim Volksentscheid am 22. Dezember 1929 ging es um den Zahlungsplan für die Reparationen, den Owen Young (daher Young-Plan) aufgestellt hatte. Alfred Hugenberg, Adolf Hitler und andere erreichten einen Volksentscheid, der jedoch wegen mangelnder Beteiligung der Bevölkerung scheiterte.

Für einige war die faschistische Gewalt mehr als nützlich, sie erkannten darin sogar Schönheit. Einige Kriegsveteranen und Intellektuelle (Marinetti und Ernst Jünger waren beides) frönten einer Ästhetik der Gewalt. Gewalt übte oft einen Reiz auf Männer aus, die zu jung waren, sie 1914–1918 selbst erlebt zu haben, und die sich um die Teilnahme an „ihrem“ Krieg betrogen fühlten. Auch einige Frauen empfanden diesen Reiz. […] Der Genius des Faschismus bestand in der Spekulation, dass manch ordentlicher Bürger (und auch manche Bürgerin) eine gewisse Ersatzbefriedigung empfinden würde über eine sorgfältig selektive Gewalt, die sich nur gegen „Terroristen“ und „Volksfeinde“ richtete.

Robert O. Paxton: Anatomie des Faschismus. München 2006, S. 126f. Übs.: Dietmar Zimmer.

22 Bürgerkrieg während der Weimarer Republik?

Der Historiker Dirk Blasius schreibt zur Gewalteskalation 1930–1932:

Das Wort Bürgerkrieg wurde seit den Reichspräsidentenwahlen im Frühjahr 1932 zum politischen Schlagwort des Jahres. Es heizte die Leidenschaften an, diente der Diffamierung des politischen Gegners und der Formierung der eigenen Truppen. Die Nationalsozialisten stellten sich als Opfer des Bürgerkriegs dar, für den sie die Notverordnungspraxis Brünings und seiner Nachfolger im Kanzleramt verantwortlich machten. Ihre eigene Praxis freilich war bürgerkriegsaffin; sie brauchten den latenten Bürgerkrieg, um die anstehenden Wahlkriege zu gewinnen. „Der Wahlkrieg wird in der Hauptsache mit Plakaten und Reden geführt", hielt Goebbels am 29. Februar 1932 in seinem Tagebuch fest und sprach wenig später von einem „Plakatkrieg", der jetzt tobe. Doch im unmittelbaren Vorfeld des ersten Wahlgangs zur Reichspräsidentenwahl blieb es nicht bei aufrüttelnden Reden und aufreizenden Plakaten, es wurde scharf geschossen. Die Nationalsozialisten waren nicht nur Partei im Bürgerkrieg, sie suchten die Rolle einer Bürgerkriegspartei, weil sie sich davon Erfolge versprachen. […]

Deutschland wurde „in der explosiven Lage" des Juli-Wahlkampfes „ein großes Heerlager gegnerischer militanter Verbände", die sich für den Bürgerkrieg rüsteten. Jede Seite versuchte, die Massen für sich zu gewinnen. Die Stärke der SA lag bei 400 000 Mitgliedern, eine Million Mitglieder gehörten dem Stahlhelm, ebenfalls 400 000 dem Reichsbanner an. Die Kommunisten hatten für den verbotenen Rotfrontkämpferbund Ersatzorganisationen aufgebaut, deren Mitgliederzahl auf 150 000 geschätzt wurde. Die SA profitierte, wie in der „Vossischen Zeitung" zu lesen war, von dem „Pakt Hitler-von Schleicher". Ihr Treiben dementierte in den Augen der Mitte-Links-Gruppierung um Sozialdemokratie, Zentrum und Demokraten Papens Politik der „flagranten Begünstigung der Nationalsozialisten".

Nach dem 31. Juli 1932 gab es weder für das deutsche Bürgertum noch für die deutsche Gesellschaft insgesamt eine Stunde der Besinnung. Der Wahlkampf fand seine Fortsetzung in einem Machtkampf, der alles an politischen Gewalthandlungen bisher Bekannte noch übertraf. Papens Ordnungskoalition wurde von innen gesprengt, der Reichskanzler hatte ein Abwehrgefecht gegen den zu führen, der Reichskanzler werden wollte. […] [Nun entschloss sich die Regierung Papen,] die Bilanz einer Bürgerkriegssituation zu präsentieren, die sie mit ihren Zugeständnissen an die Nationalsozialisten selbst herbeigeführt hatte. Sie wollte ihr aktuelles Handeln nach den Wahlen rechtfertigen und die Bedeutung der von ihr veranlassten Verordnung des Reichspräsidenten gegen politischen Terror vom 9. August 1932 unterstreichen, doch die Versäumnisse in der Abwehr des politischen Terrorismus, die sie sich hatte zu Schulden kommen lassen, wurden in der der Öffentlichkeit zugänglich gemachten Statistik überdeutlich. Ende September 1932 veröffentlichte die preußische Kommissariatsregierung eine Übersicht über die Todesfälle bei politischen Ausschreitungen auf preußischem Boden in der Zeit vom 1. Januar bis 31. August 1932. In diesem Zeitraum waren insgesamt 155 Todesopfer zu beklagen. […] Die „Vossische Zeitung" hielt es für „bemerkenswert", „wie sich der Ablauf der politischen Ereignisse in den Ziffern dieser traurigen Statistik wiederspiegelt". Das „ruckartige Hochgehen der Todesziffern" im Juni, „das sich im Juli noch weiter steigert", führte sie auf die Aufhebung von SA- und Uniformverbot zurück. Die Uniform, der Berufsanzug des Soldaten, habe aus den radikalen politischen Parteien kriegführende, d.h. den Bürgerkrieg führende Vereinigungen gemacht. Hier liege der eigentliche Grund für die „Ausartungen des politischen Kampfes".

Dirk Blasius: Weimars Ende. Bürgerkrieg und Politik 1930–1933. Göttingen 2005, S. 35 f, 59, 81 f.

23 Wahlplakat des Völkischen Blocks 1924. Bei dieser Wahl war die NSDAP (infolge des Hitler-Putsches von 1923) verboten, die rechtsextremen Gruppen hatten sich daher zu einem Völkischen Block zusammengeschlossen. Die Partei erhielt 2 Millionen Stimmen, Fraktionsvorsitzender im Reichstag wurde Erich Ludendorff. Das Plakat enthüllt die Haltung dieser Partei zur parlamentarischen Ordnung und zur liberalen Demokratie.

24 Die völkische Idee

In der lebensreformerischen Bewegung des Deutschen Kaiserreiches wie in der rechtsextremen Ideologie wird das Volk als schicksalsgegebene biologische Gemeinschaft betrachtet. Sie wird als starre und geschlossene Formation gedacht. Ihre Überlebensvoraussetzung ist die genetische und kulturelle Homogenität, daher auch die Rede von „Artgemeinschaft" oder „Blutsgemeinschaft". Diese Gemeinschaft beruht auf „natürlichen" Voraussetzungen wie gemeinsamer Sprache, Rasse, Abstammung und Geschichte. Zentrale Begriffe sind Heimat, Blut, Boden, Nation.

1

Zur völkischen Bewegung des Kaiserreiches zählte eine Fülle von Bestrebungen, die weit und tief in die Gesellschaft des Kaiserreiches und der Weimarer Republik wirkten, bis hinein auch in die sozialistische und kommunistische Arbeiterbewegung: Die Werke von Ludwig Ganghofer, Hermann Löns oder von Hans Grimm („Volk ohne Raum", 1926) fanden eine sehr weite Verbreitung und Hochschätzung. Daneben entwickelten sich im Kaiserreich „alldeutsche" Sprach- und Schriftvereine, Vereine, die sich um eine „Lebensreform" bemühten, u.a. die Gartenstadtbewegung, antialkoholische Bestrebungen, Körperkulturvereine, Organisationen, die die „Reinheit der Rasse" beschworen, die „gelbe Gefahr", die Gefahren des Amerikanismus, eine „entsittlichende" Wirkung generell der modernen Gesellschaft und besonders der Großstadt anprangerten. Sie beschworen die heilende Wirkung von Scholle und Wurzel oder des „einfachen Lebens". Gemeinsam waren diesen extrem unterschiedlichen Bestrebungen in der Regel der rassistische Antisemitismus und die Verherrlichung eines „reinen" Germanentums. Die völkische Bewegung der Weimarer Zeit bekämpfte besonders vehement den Versailler Vertrag und hielt an der Idee einer Wiederherstellung eines „Großdeutschen Reiches" fest.

Autorentext

25 Wahlplakat der DNVP 1932. Reichskanzler Franz von Papen wird nicht einmal von seiner eigenen Partei, der Zentrumspartei, im Reichstag unterstützt, daher propagierte er einen Verfassungsumbau, der die Machtstellung des Reichstages noch stärker einschränken sollte.

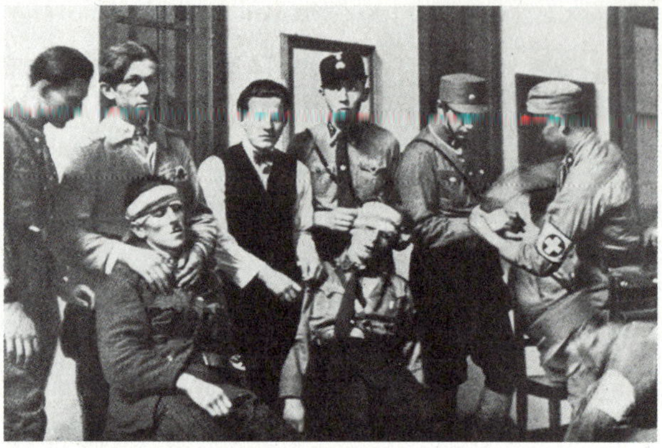

26 Nach einer Saalschlacht 1930 werden verletzte SA-Mitglieder von den eigenen Sanitätern versorgt.

27 Antiparlamentarismus

Zumal in den protestantischen Eliten, an den Hochschulen, in der Justiz und beim Militär wurde der moderne liberale Parlamentarismus weithin verachtet, er galt als „undeutsche", „westliche" Institution, die die Siegermächte des Ersten Weltkrieges dem Deutschen Reich aufgezwungen hätten. Aber auch der oberste Repräsentant der Weimarer Republik machte aus seinen Grundüberzeugungen keinen Hehl. Aus einem Brief Paul von Hindenburgs an Wilhelm II., der seit der Revolution im holländischen Exil lebte, vom 27. November 1927:

Euer Majestät lege ich die inständige Bitte zu Füßen, davon überzeugt sein zu wollen, dass ich wie immer, so auch in den damaligen unglücklichen Tagen lediglich bemüht gewesen bin, Schaden und Nachteil vom Haupte meines Kaisers und Königs abzuwenden. Nur aus diesem Grunde musste ich nach gewissenhafter Prüfung schweren Herzens wohlgemeinten, aber nach Lage der Dinge unausführbaren Ratschlägen Anderer widersprechen und einen, wie ich glaubte, vorübergehenden Aufenthalt in Holland als bestes Mittel für oben erwähnten Zweck empfehlen. Von Euer Majestät missverstanden zu werden, ist mir altem Soldaten der größte Schmerz. Darum bitte ich vorbeugend daran erinnern zu dürfen, dass ich mein jetziges dornenvolles Amt nach langem Sträuben erst übernommen habe, nachdem man mich bei der Ehre fasste, und ich mich der Einwilligung Eurer Majestät versichert hatte. So verbleibe ich bis in ein nicht mehr fernes Grab in Treue und Ehrgefühl als Euer Kaiserlichen und Königlichen Majestät alleruntertänigster v. Hindenburg, Generalfeldmarschall.

Walther Hubatsch (Hg.): Hindenburg und der Staat. Göttingen 1965, S. 188 und 46.

28 „Sozialismus" im Nationalsozialismus?

Der Historiker und Journalist Joachim Fest über den Streit um den „Sozialismus" innerhalb der NSDAP, insbesondere zwischen Vertretern des „linken" Flügels der NSDAP, repräsentiert durch die Brüder Otto und Gregor Strasser, die Anfang der 1930er-Jahre von Adolf Hitler entmachtet wurden:

[Die Strassergruppe] machte sich jene revisionistischen Forderungen zu eigen, die in „Mein Kampf" als „politischer Unsinn" verurteilt worden waren. Während Hitler Sowjetrussland als Objekt ausgreifender Eroberungspläne betrachtete und Rosenberg es als „jüdische Henkerkolonie" beschrieb, äußerte sich Goebbels voller Hochachtung über den russischen Willen zur Utopie, oder plädierte Strasser selbst für ein Bündnis mit Moskau, „gegen den

Militarismus Frankreichs, gegen den Imperialismus Englands, gegen den Kapitalismus der Wallstreet". [Im Mai 1930 kam es in Berlin zur Konfrontation zwischen Hitler und den Strasserianern, bei der Hitler den Brüdern vorwarf, die Idee höher zu setzen als den Führer.]

[Im Jahre] 1930 war die NSDAP nach der Vorstellung Hitlers „sozialistisch", um sich den Stimmungswert einer populären Vokabel zunutze zu machen. [...] Wie das Bekenntnis zur Tradition, zu konservativen Wertvorstellungen oder zum Christentum gehörten die sozialistischen Parolen ins manipulationsfähige Vorfeld, das der Tarnung, der Verwirrung diente und nach Opportunitätsmotiven mit wechselnden Schlagwörtern bestückt war. Wie zynisch zumindest an der Spitze die Programmgrundsätze missachtet wurden, erfuhr einer der jungen enthusiastischen Überläufer zur Partei im Gespräch mit Goebbels; auf die Bemerkung, dass Feders Brechung der Zinsknechtschaft doch ein Element des Sozialismus enthalte, bekam er zur Antwort, brechen müsse höchstens der, der diesen Unsinn anhöre.

Joachim C. Fest: Hitler. Berlin 1995, S. 330 f., 392 f.

29 Buchcover des Titels „Volk ohne Raum" von Hans Grimm auf der Frankfurter Buchmesse in den 1950er-Jahren. Das Buch wurde in der Weimarer Republik ca. 500 000-mal verkauft, für diese Zeit eine sehr große Zahl. Hitler ließ sich von dem Buch beeinflussen. Anders als der Held im Buch sahen die Nationalsozialisten aber den fehlenden Raum in Osteuropa und nicht in dem Erwerb afrikanischer Kolonien.

30 Antimarxismus

Adolf Hitler im Gespräch mit dem Redakteur der Leipziger Neuesten Nachrichten nach dem Ausschluss der Strasser-Gruppe (Mai/Juni 1931):

[...] es kommt einzig und allein darauf an, dass der Grundgedanke im Wirtschaftsprogramm meiner Partei klar herausgestellt wird, und das ist der Autoritätsgedanke. Ich will die Autorität, ich will die Persönlichkeit, ich will, dass jeder den Besitz, den er sich erobert hat, behalten soll, nach dem Grundsatz: Gemeinnnutz geht vor Eigennutz. Nur soll der Staat die Kontrolle behalten, und jeder Besitzende soll sich als vom Staat Beauftragter fühlen. Er hat die Pflicht, seinen Besitz nicht zum Missbrauch gegen die Interessen des Staates, gegen die Interessen seiner Volksgenossen zu verwenden. [...] Das Bürgertum ist auch schuld daran, dass der Marxismus als Seuche am Volkskörper sich tief einfressen konnte. Der Marxismus wird mit Stumpf und Stiel ausgerottet. Glauben Sie, ich mache mit dem Marxismus bei einer Revolution Kompromisse? Ich mache keine Kompromisse, keine. Mache ich einen Kompromiss, dann lebt der Marxismus in 30 Jahren wieder auf. Der Marxismus muss getötet werden. Er ist die Vorfrucht des Bolschewismus. [...] An dem Tag, wenn die konservativen Kräfte Deutschlands einsehen, dass ich nur und nur ich mit meiner Partei das deutsche Proletariat für den Staat gewinnen kann, und dass es mit den marxistischen Parteien kein parlamentarisches Spiel geben darf, dann ist Deutschland für alle Zeiten gerettet, dann können wir einen deutschen Volksstaat gründen. Bitte überzeugen Sie davon die Herren Hugenberg, von Papen, auch Dr. Hugo, besonders aber den Reichspräsidenten.

Zit. nach: Reinhard Kühnl (Hg.). Der deutsche Faschismus in Quellen und Dokumenten. Köln 1979, S. 131 f.

31 Die Massenbasis der NSDAP: Woher kommen Hitlers 6½ Millionen Stimmen? (1930)

Dem Ausland waren die Ausmaße des hitlerischen Wahlsieges natürlich eine noch größere Überraschung als dem Inland, da es auf ein starkes, wenn auch nicht so starkes Anschwellen der nationalsozialistischen Stimmen gefasst gewesen war. Die Welt zerbricht sich den Kopf darüber, worauf die Verneunfachung der Hitlerstimmen zurückzuführen ist. Die verschiedensten Deutungen kommen zum Vorschein.

Die Deutschland besonders wohlgesinnte Presse des Auslandes führt vielfach als Hauptgrund die riesige Arbeitslosigkeit an. „Deutschland hat drei Millionen Arbeitslose, sie haben fast sämtlich nationalsozialistisch gewählt. Ergo." So konnte man wörtlich in Paris und anderswo lesen. Irrtum! Von den drei Millionen Erwerbslosen hat nur ein verschwindend geringer Prozentsatz Hitler seine Stimme gegeben. Diese drei Millionen stellen vielmehr das Gros der kommunistischen Wähler dar. Wenn die KPD von 55 auf 77 Mandate gestiegen ist, so ist das die automatische Rückwirkung der steigenden Arbeitslosigkeit. Die Arbeitslosen waren also nicht die Hauptwähler Hitlers. Wohl aber ist richtig, dass die Wirtschaftskrisis, deren äußere Symptome die riesenhafte Arbeitslosigkeit ist, die Grundlage des hitlerischen Sieges war.

Die Hitlerwähler setzen sich aus zwei Kategorien zusammen: einer kleinen Minderheit von Nationalsozialisten, die auf das Hakenkreuz eingeschworen sind, und einer riesigen Mehrheit von Mitläufern. [...]

Dabei soll nicht verkannt werden, dass Hitler, der ein ausgezeichneter Organisator mit Suggestivkraft ist, über eine ihm blind ergebene Kerntruppe von einigen hunderttausend Mann, meist recht jugendlichen Truppen verfügt ...; Idealisten mit verwirrtem Kopf und Landsknechte ohne Kopf, insgesamt ein paar hunderttausend Mann, das ist Hitlers Kerntruppe. Die Millionen der Wähler, die er diesmal mustern konnte, dank der Gunst der Umstände, d.h. dank der Ungunst der Wirtschaftslage, rekrutieren sich aus den verschiedensten Schichten. Da sind Arbeiter, relativ genommen nicht sehr viele, aber eine Million wird es doch wohl gewesen sein. Es sind Landarbeiter, die sich immer noch vom „gnädigen Herrn“ abhängig fühlen und von ostelbischen Granden für Hitler kommandiert wurden. Es sind jene labilen Elemente, die erst bei den Kommunisten hospitiert haben und sich nun den Nationalsozialisten zuwenden, weil diese sich noch radikaler gebärden. Es sind junge Leute, Friseurgehilfen, Chauffeure usw., die sich etwas Besseres dünken als die Masse der gewerkschaftlich organisierten Fabrikarbeiter. Da sind Massen von Angestellten, insbesondere aus den Kreisen der deutschnationalen Handlungsgehilfen, die berühmten oder berüchtigten Stehkragenproletarier. Ihr Interesse müsste sie in eine Einheitsfront mit den Arbeitern führen. Aber ihr „Standesgefühl“ ist stärker als ihre soziale Einsicht. Da ist das Gros der Studenten und sonstigen jungen Akademiker. Bei ihnen fällt die antisemitistische Hetzphrase auf besonders dankbaren Boden. Der Jude wird eben als unbequemer Konkurrent empfunden. Sie sind fanatisch nationalistisch. Den Krieg kennen sie nicht. Darum begeistern sie sich für ihn. [...]

Da sind bedauerlich viele Beamte. Ihre politische Freiheit verdanken sie ausschließlich der Republik. Aber leider hat ihnen die Republik mit der politischen Freiheit nicht auch zugleich das politische Denken geben können, das ihnen in der Kaiserzeit ausgetrieben worden war. Sie sind ein besonders dankbares Objekt für Demagogen.

Da ist vor allem der große Block des sogenannten selbständigen Mittelstandes. Diese Millionen von Handwerkern, Gewerbetreibenden und Kleinkaufleuten führen seit der nach 1871 einsetzenden großindustriellen Entwicklung einen verzweifelten Kampf um ihre Existenz. Es fehlt ihnen an wirtschaftlicher Einsicht. Darum fallen sie auf jeden Schwätzer herein, der ihnen die Wiederherstellung des „goldenen Bodens“ durch Kampf gegen Juden und Warenhäuser, gegen Börse und Gewerbefreiheit verspricht. Einst liefen sie Stoecker und Ahlwardt nach. Heute ist Hitler ihr Prophet.

Die Nationalsozialisten rühmen sich, 34 000 Wahlversammlungen abgehalten zu haben. In diesen Versammlungen sprachen sie also: „Wenn wir die Macht bekommen, werden sofort die Youngzahlungen eingestellt. Dadurch erspart das Deutsche Reich 1 700 Millionen Reichsmark jährlich. Diese Ersparnis wird dazu verwendet, um die Steuern herabzusetzen. Die Gewerbesteuer wird aufgehoben. Rechnet euch selbst aus, was das für jeden Einzelnen ausmacht! Wählt ihr nun lieber die Young-Parteien, die den Tribut weiter entrichten wollen, oder uns, die wir das deutsche Volk von seinen Unterdrückern und den Mittelstand von seinen Steuern befreien wollen?“

Das war Honig. Da jauchzten die Mittelständler. Diese armen Seelchen haben ja keine Ahnung von den Zusammenhängen der Weltwirtschaft und von den Grundlagen der Weltpolitik. Ihnen ging das nationalsozialistische Hexen-Einmaleins glatt auf. Ein Rechenexempel in der Klippschule.

Das ist das erschütternd Trostlose an dem Wahlergebnis vom 14. September, dass die Welt sehen muss, wie viel Millionen politische Analphabeten es noch in Deutschland gibt. Die Millionen der Hitlerwähler sind nicht etwa ebenso viel Millionen zum Revanchekrieg entschlossene Teutonen. Sie denken gar nicht daran, ihr Blut riskieren zu wollen. Sie möchten nur ihr Gut wahren, und sie bilden sich ein, die nationalsozialistische Sackgasse sei der Weg in die Steuerfreiheit.

Hellmut von Gerlach. In: Welt am Montag, 6. Okt. 1930.

Arbeitsvorschläge

1. Stellen Sie das sozialdarwinistische Entwicklungsmodell in einem Schaubild dar. Arbeiten Sie dabei die Grundannahmen dieser Ideologie heraus (M 3).
2. Stellen Sie zusammen, was Juden im ausgehenden 19. Jahrhundert vorgeworfen wird (M 4 – M 6). Nehmen Sie zu diesen Ressentiments Stellung. Informieren Sie sich dafür auch über Berufe und soziale Stellung der Juden.
3. Beschreiben Sie die politischen Aussagen der Postkarte von 1920 (M 2) und ordnen Sie diese den politischen Lagern der Weimarer Republik zu. Welche Schlussfolgerungen ergeben sich daraus für den Aufstieg des Nationalsozialismus?
4. Erklären Sie die Pointe der Karikatur (M 5).
5. Diskutieren Sie, inwiefern Hitlers Antisemitismus „originell“ ist oder traditionellen antijüdischen Ressentiments folgt (M 7; M 8; vergleiche auch M 2).
6. Fassen Sie Bindings und Hoches Argumentation thesenförmig zusammen. Erläutern Sie, von welchem Menschenbild die Autoren ausgehen, und bewerten Sie es. Wie könnte den Positionen der Autoren argumentativ begegnet werden (M 9)?
7. Was kennzeichnet aus zeitgenössischer Sicht einen „gesunden Volkskörper“? Legen Sie dar, welche praktisch-politischen Konsequenzen diese Sicht auf den „Volkskörper“ haben könnte (M 12 – M 16).
8. Analysieren Sie die Plakate im Hinblick auf ihre ikonographische Struktur und Wirkungsabsicht (M 18; M 21). Berücksichtigen Sie dazu M 17 und M 20. Vergleichen Sie die Bildsprache mit Plakaten anderer Parteien.
9. Stellen Sie zusammen, welche (politischen) Zielsetzungen die Nationalsozialisten bei der Anwendung von Gewalt (etwa im preußischen Landtag) verfolgten. Überlegen Sie dabei, warum von solchen Gewalthandlungen auch ein Reiz auf Beteiligte wie Unbeteiligte ausgeht (M 19; M 20; M 26).
10. Untersuchen Sie die Bildsprache des Wahlplakats von 1924. Wofür tritt der „völkische Block“ ein, was bekämpft er? Beachten Sie auch die Physiognomien der Parlamentarier (M 23).
11. Verfassen Sie einen Essay zum „Sozialismus“ der NSDAP (M 28).
12. Stellen sie anhand der Wahlanalyse von Gerlach zusammen, welche Interessen und Motive Menschen zur Stimmabgabe an die NSDAP veranlasst haben könnten (M 31).

2 Die Herrschaft des Nationalsozialismus

2

Machtübertragung, „Machtergreifung"
Nach der Machtübertragung am 30. Januar 1933 gelang es den Nationalsozialisten in dramatisch kurzer Zeit, die demokratischen und rechtsstaatlichen Strukturen der Weimarer Verfassung vollständig zu beseitigen, oppositionelle Kräfte entweder einzuschüchtern oder brutal auszuschalten, Staat, Verwaltung und Gesellschaft neu zu organisieren und mit den Parteiorganisationen zu verzahnen („gleichzuschalten") und einen diktatorischen „Führerstaat" zu etablieren. Weiterhin erlangten die Nationalsozialisten rasch einen bemerkenswert hohen Grad an Zustimmung in der Bevölkerung.
Hitler sicherte sich bereits wenige Tage nach der Machtübertragung die Loyalität der hohen Militärs, die in der mächtigen ▶SA eine gefährliche Konkurrenz sahen. Hindenburg gab seine Zustimmung für Neuwahlen (am 5. März), durch die sich die NSDAP eine Mehrheit im Parlament erhoffte. Der ▶Reichstagsbrand am 27. Februar eröffnete den Nationalsozialisten die Möglichkeit, durch die Reichstagsbrandverordnung den Terror gegen oppositionelle Kräfte zu legalisieren. Diese Verordnung, die den ständigen Ausnahmezustand rechtlich absicherte, wird häufig als „Verfassungsurkunde des Dritten Reiches" apostrophiert. Durch diese ▶Notverordnung „zum Schutz von Volk und Staat", die mit Hilfe des Art. 48 in Kraft gesetzt wurde, wurden Grundrechte ohne zeitliche Befristung außer Kraft gesetzt. Für eine Reihe von Straftaten wurde die Todesstrafe eingeführt, politische Gegner wurden in „Schutzhaft" genommen und erste ▶Konzentrationslager für diese „Vorbeugehaft" eingerichtet.

Herrschaftssicherung
Zwei Tage vor der Beratung des ▶„Ermächtigungsgesetzes" inszenierten die Nationalsozialisten den „Tag von Potsdam" (21. März 1933), vor allem um zögerliche bürgerliche Schichten zu beeindrucken; am selben Tag stellte ein „Heimtückegesetz" Kritik an der Regierung unter Strafe. Mit dem Ermächtigungsgesetz schließlich, dem auch bürgerlich-liberale Abgeordnete und die der Zentrumspartei zustimmten (die kommunistischen Abgeordneten waren bereits verhaftet oder untergetaucht, einzig die Sozialdemokraten votierten dagegen), wurden die Gewaltenteilung und die parlamentarische Ordnung ausgehebelt. Schlag auf Schlag folgten weitere Maßnahmen, die die Länder „gleichschalteten" (staatsstreichartige Entmachtung der Landesregierungen, Polizeileitung durch Mitglieder der SA bzw. ▶SS), die Parteien verboten, widerspenstige Beamte durch die „Arisierung" der Beamtenschaft und durch das „Gesetz zur Wiederherstellung des Berufsbeamtentums" ausschalteten, Oppositionelle zur Emigration zwang, kurz: die nationalsozialistische Diktatur ermöglichten. Im Juni 1934 schließlich wurden im sogenannten „Röhm-Putsch" mit Hilfe von SS und Reichswehr politische Gegner Hitlers aus den eigenen Reihen ermordet und dabei manche „alten Rechnungen" beglichen. Unmittelbar vor dem Tod Hindenburgs (2. August 1934) schaffte Hitler das Amt des Reichspräsidenten ab und nannte sich selbst „Führer und Reichskanzler". Die Soldaten der Reichswehr (1935 in „Wehrmacht" umbenannt) wurden nun auf Hitler vereidigt. Beides geschah entgegen der formal noch bestehenden Reichsverfassung.

1 Razzia der Berliner Polizei 1933. Unmittelbar nach der Machtübertragung begann die SA – ohne jede Rechtsgrundlage – als Hilfspolizei zu fungieren, zusammen mit der regulären Polizei. Damit begann die Verzahnung von NSDAP und Staat.

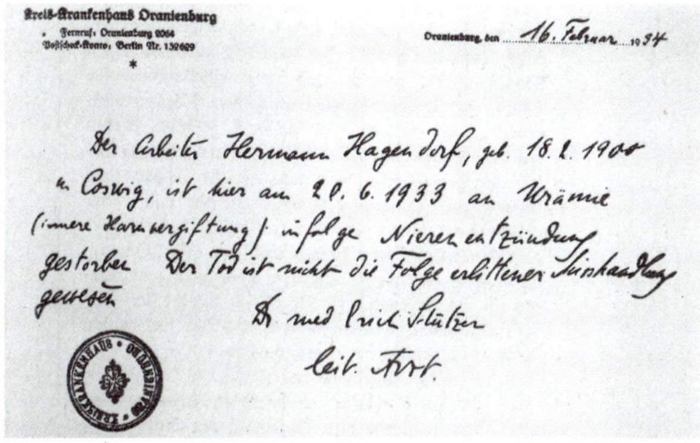

Kreis-Krankenhaus Oranienburg
Fernruf: Oranienburg 2064
Postscheck-Konto: Berlin Nr. 132629

Oranienburg, den 16. Februar 1934

Der Arbeiter Hermann Hagendorf, geb. 18.1.1900 in Coswig, ist hier am 20.6.1933 an Urämie (innere Harnvergiftung) infolge Nierenentzündung gestorben. Der Tod ist nicht die Folge erlittener Misshandlung gewesen.

Dr. med Erich Stützer
leit. Arzt.

2 Eine der ersten und augenfälligsten Maßnahmen des neuen Regimes war die Verschleppung, Misshandlung (bis zum Tod) und Internierung von Regimegegnern, auch dies ohne jede rechtliche Grundlage. Der vorliegende Bescheid stammt aus dem ersten Konzentrationslager in Oranienburg, Februar 1934.

3 SA-Truppen verhöhnen eine Frau, die offenbar ein Verhältnis mit einem jüdischen Mann hatte. Das Foto entstand vor dem Sitz der NS-Kreisleitung in Cuxhaven (Niedersachsen) 1933.

4 Appell des Reichsarbeitsdienstes 1934 auf dem Reichsparteitag der NSDAP in Nürnberg. Das Bild stammt aus dem Film „Triumph des Willens“ von Leni Riefenstahl, der den Parteitag ohne Kommentierung in äußerst suggestiven Bildern darstellt. 1937 in Paris mit der Goldmedaille der Weltausstellung ausgezeichnet, beeinflusste seine Ästhetik bereits Charlie Chaplins „Great Dictator“ sowie später George Lucas' „Star Wars“.

Wirtschafts- und Sozialpolitik des NS-Regimes

Gerade zu Beginn der NS-Herrschaft wurden in der Propaganda verstärkt soziale Fragen und die Arbeitslosigkeit angesprochen und das Versprechen gegeben, Standes- und Klassenschranken zu überwinden. Diese Themen standen auch bei den ersten Reichsparteitagen im Mittelpunkt der Selbstinszenierung des Regimes.

Schon vor der „Machtergreifung“ ging die Massenarbeitslosigkeit zurück, da sich die Weltkonjunktur wieder erholte. Einige arbeitsmarktpolitisch motivierte Maßnahmen, insbesondere jedoch die systematische Aufrüstungspolitik entlasteten den Arbeitsmarkt. Der in diesem Zusammenhang häufig betonte Autobahnbau, der bereits von der Vorgängerregierung vorbereitet worden war, wird allerdings oft erheblich überschätzt. Die NS-Regierung investierte bis Ende 1934 ca. fünf Milliarden Reichsmark zur Bekämpfung der Arbeitslosigkeit.

Vermindert wurde die Arbeitslosigkeit vor allem durch eine kreditfinanzierte Aufrüstungspolitik, durch die Wiedereinführung der Wehrpflicht sowie durch den „Reichsarbeitsdienst“ (RAD, 1935). Die Industrieproduktion erreichte nun wieder den Stand von 1928, die Zahl der Arbeitslosen sank kontinuierlich. Auf diese Weise erreichte das NS-Regime eine beachtliche Zustimmung in der deutschen Bevölkerung. Durch Kriegsvorbereitungsmaßnahmen (Vierjahresplan 1936) wurde annähernd Vollbeschäftigung erreicht.

Bereits 1933 waren die Gewerkschaften zerschlagen und ihre Aufgaben der „Deutschen Arbeitsfront“ (DAF) übertragen worden. Dadurch wurde die Arbeiterschaft ihres wichtigsten Instruments zur Verteidigung ihrer Interessen beraubt, zumal auch das Streikrecht abgeschafft wurde. Auf die Lohnpolitik nahm die DAF nur in „beratender“ Weise Stellung, die Löhne wurden vielmehr von „Treuhändern der Arbeit“ festgelegt, die dem Reichsarbeitsministerium nachgeordnet waren. Das Realeinkommen der Arbeiter blieb – auch nach der Beseitigung der Massenarbeitslosigkeit – deutlich unter dem Niveau vor der Weltwirtschaftskrise.

Das Regime förderte einen Mutterkult sowie kinderreiche Familien. Jungverheiratete Ehepaare bekamen günstige Ehestandsdarlehen, wenn die Frau ihre Beruftstätigkeit aufgab. Mutterschaftskreuze ehrten Mütter mit mehreren Kindern, seit 1938 gab es Kindergeld ab dem dritten Kind. Tatsächlich aber ging im „Dritten Reich“ weder die Frauenbeschäftigung zurück (Frauenarbeit war für Unternehmen billiger als Männerarbeit) noch stieg die durchschnittliche Kinderzahl pro Familie in der NS-Zeit.

Autarkiepolitik und Aufrüstung

Die Industrie konnte ihre 1932 in die NS-Führung gesetzten Hoffnungen rasch bestätigt sehen, was die Verbesserung ihrer Arbeitgeberrechte betraf (Verbot der Gewerkschaften), und weiterhin bescherte ihr die Aufrüstungspolitik volle Auftragsbücher. Wegen der Devisenknappheit sollten möglichst wenige Fertigwaren importiert werden, allenfalls wichtige Rohstoffe, die in Deutschland nicht verfügbar waren. Die nationalsozialistische Wirtschaftspolitik bemühte sich um Autarkie, um eine Unabhängigkeit von Rohstofflieferungen aus dem Ausland. Dazu wurde eine Ersatzstoffproduktion vor allem bei der Benzin- und Kautschuksynthese (etwa zur Herstellung von Gummireifen) sowie bei der Kunstfaserproduktion vorangetrieben. Diese Autarkiepolitik barg hohe finanzielle Risiken, vor denen u.a. der Reichsbankpräsident Hjalmar Schacht (einer der Wegbereiter Hitlers, 1939 zurückgetreten) warnte.

Verschuldung

Um diese und andere Maßnahmen zu finanzieren, betrieb die NS-Führung eine Politik der Neuverschuldung. Sie betrug für den Zeitraum von 1933 bis 1937 über 40 Milliarden Reichsmark. Das war mehr als das Dreifache der Einnahmen des Reiches im Jahr 1937. Der Anteil, der für Rüstungszwecke ausgegeben wurde, stieg kontinuierlich. Um die Verschuldungsproblematik zu verschleiern, entwickelte Schacht das System der Mefo-Wechsel, zugleich wurde eine inflationäre Geldpolitik betrieben.

Der Staat beschaffte sich beträchtliche Mittel durch die erzwungenen „Arisierungen“ von jüdischen Geschäften. Nach dem Novemberpogrom von 1938 mussten die deutschen Juden eine „Judenbuße“ (eine Milliarde Reichsmark) als „Sühnezahlung“ aufbringen. Der erzwungene „Anschluss“ Österreichs im März 1938 entlastete den überschuldeten Reichshaushalt. Während des Zweiten Weltkrieges leisteten extrem schlecht entlohnte Fremdarbeiter als auch die den besetzten Ländern durch die ihnen aufgezwungenen Besatzungskosten einen beachtlichen Teil der Kriegskosten.

5 Erste Besprechung Hitlers mit den Befehlshabern der Reichswehr am 3. Februar 1933

Unmittelbar nach seiner Ernennung zum Reichskanzler hielt Adolf Hitler eine Rede in der Berliner Bendlerstraße. Das Stichwortprotokoll stammt von Generalleutnant Curt Liebmann. Wegen der Brisanz der Ausführungen wurde die Mitschrift nicht weiter ausgearbeitet:

Ziel der Gesamtpolitik allein: Wiedergewinnung der politischen Macht. Hierauf muss gesamte Staatsführung eingestellt werden (alle Ressorts!).

1. Im Innern. Völlige Umkehrung der gegenwärtigen innenpolitischen Zustände in D[eutschland]. Keine Duldung der Betätigung irgendeiner Gesinnung, die dem Ziel entgegensteht (Pazifismus!). Wer sich nicht bekehren lässt, muss gebeugt werden. Ausrottung des Marxismus mit Stumpf und Stiel. Einstellung der Jugend u[nd] des ganzen Volkes auf den Gedanken, dass nur der Kampf uns retten kann und diesen Gedanken gegenüber alles zurückzutreten hat. (Verwirklicht in den Millionen der Nazi-Bewegung. Sie wird wachsen.) Ertüchtigung der Jugend und Stärkung des Wehrwillens mit allen Mitteln. Todesstrafe für Landes- und Volksverrat. Straffste autoritäre Staatsführung. Beseitigung des Krebsschadens der Demokratie!
2. Nach außen. Kampf gegen Versailles. Gleichberechtigung in Genf; aber zwecklos, wenn Volk nicht auf Wehrwillen eingestellt. Sorge für Bundesgenossen.
3. Wirtschaft. Der Bauer muss gerettet werden! Siedlungspolitik! Künftige Steigerung der Ausfuhr zwecklos. Aufnahmefähigkeit der Welt ist begrenzt und Produktion ist überall übersteigert. Im Siedeln liegt einzige Möglichkeit, Arbeitslosenheer z.T. wieder einzuspannen. Aber braucht Zeit und radikale Änderung nicht zu erwarten, da Lebensraum für d[eutsches] Volk zu klein.
4. Aufbau der Wehrmacht wichtigste Voraussetzung für Erreichung des Ziels: Wiedereringung der politischen Macht. Allgemeine Wehrpflicht muss wiederkommen. Zuvor aber muss Staatsführung dafür sorgen, dass die Wehrpflichtigen vor Eintritt nicht schon durch Pazifismus, Marxismus, Bolschewismus vergiftet werden oder nach Dienstzeit diesem Gifte verfallen.

Wie soll politische Macht, wenn sie gewonnen ist, gebraucht werden? Jetzt noch nicht zu sagen. Vielleicht Erkämpfung neuer Export-Möglichkeiten, vielleicht – und wohl besser – Eroberung neuen Lebensraums im Osten und dessen rücksichtslose Germanisierung. Sicher, dass erst mit politische Macht und Kampf jetzige wirtschaftliche Zustände geändert werden können. Alles, was jetzt geschehen kann – Siedlung – Aushilfsmittel.

Wehrmacht wichtigste und sozialistischste Einrichtung des Staates. Sie soll unpolitisch und überparteilich bleiben. Der Kampf im Innern nicht ihre Sache, sondern der Nazi-Organisationen. Anders wie in Italien keine Verquickung von Heer und SA beabsichtigt.

Gefährlichste Zeit ist die des Aufbaus der Wehrmacht. Da wird sich zeigen, ob Fr[ankreich] Staatsmänner hat; wenn ja, wird es uns Zeit nicht lassen, sondern über uns herfallen (vermutlich mit Ost-Trabanten).

Hans-Adolf Jacobsen und Werner Jochmann (Hg.): Ausgewählte Dokumente zur Geschichte des Nationalsozialismus. Bielefeld 1966, o.S.

6 Hitlers Botschaft für das Ausland

In einer Reichstagsrede vom 17. Mai 1933 erläutert Adolf Hitler sein offizielles außenpolitisches Programm:

Unser Nationalismus ist ein Prinzip, das als Weltanschauung grundsätzlich allgemein verpflichtet. Indem wir in grenzenloser Liebe und Treue an unserem eigenen Volkstum hängen, respektieren wir die nationalen Rechte auch der anderen Völker aus dieser selben Gesinnung heraus und möchten aus tiefinnerstem Herzen mit ihnen in Frieden und Freundschaft leben. Wir kennen daher nicht den Begriff des „Germanisierens". Die geistige Mentalität des vergangenen Jahrhunderts, aus der man glaubte, vielleicht aus Polen oder Franzosen Deutsche machen zu können, ist uns genauso fremd, wie wir uns leidenschaftlich gegen jeden umgekehrten Versuch wenden. Wir sehen die europäischen Nationen um uns als gegebene Tatsachen. Franzosen, Polen sind unsere Nachbarvölker, und wir wissen, dass kein geschichtlich denkbarer Vorgang diese Wirklichkeit ändern könnte. [...]

Die deutsche Regierung wünscht, sich über alle schwierigen Fragen politischer und wirtschaftlicher Natur mit den anderen Nationen friedlich und vertraglich auseinanderzusetzen. Sie weiß, dass jeder militärische Akt in Europa auch im Falle eines vollständigen Gelingens, gemessen an seinen Opfern, in keinem Verhältnis steht zum möglichen endgültigen Gewinn.

Zit. nach: W. Conze (Hg.): Der Nationalsozialismus 1934–1945. Totaler Führerstaat und nationalsozialistische Eroberungspolitik. Stuttgart 1984, S. 40f.

7 Notverordnung (mittels Art. 48 der WRV)

„Zur Abwehr kommunistischer, staatsgefährdender Gewaltakte" wurde am 28. Februar 1933 „zum Schutze von Volk und Staat" verordnet:

§ 1 Die Artikel 114, 115, 117, 118, 123, 124, und 153 der Verfassung des Deutschen Reiches werden bis auf weiteres außer Kraft gesetzt. Es sind daher Beschränkungen der persönlichen Freiheit, des Rechts, der freien Meinungsäußerung einschließlich der Pressefreiheit, des Vereins- und Versammlungsrechts, Eingriffe in das Brief-, Post-, Telegrafen- und Fernsprechgeheimnis, Anordnungen von Haussuchungen und von Beschlagnahmen sowie Beschränkungen des Eigentums auch außerhalb der sonst hierfür bestimmten gesetzlichen Grenzen zulässig.

§ 2 Werden in einem Lande die zur Wiederherstellung der öffentlichen Sicherheit und Ordnung nötigen Maßnahmen nicht getroffen, so kann die Reichsregierung insoweit die Befugnisse der obersten Landesbehörde vorübergehend wahrnehmen.

Reichsgesetzblatt 1933, Tl. 1, S. 83.

8 Das Ermächtigungsgesetz

„Gesetz zur Behebung der Not von Volk und Staat" (Ermächtigungsgesetz) vom 24. März 1933:

Artikel 1. Reichsgesetze können außer in dem in der Reichsverfassung vorgesehenen Verfahren auch durch die Reichsregierung beschlossen werden. Dies gilt auch für die in den Artikeln 85, Absatz 2 und 87 der Reichsverfassung bezeichneten Gesetze.

Artikel 2. Die von der Reichsregierung beschlossenen Reichsgesetze können von der Reichsverfassung abweichen, soweit sie nicht die Einrichtung des Reichstags und des Reichsrats als solche zum Gegenstand haben. Die Rechte des Reichspräsidenten bleiben unberührt.

9 Braunschweig 1931. Der von Dietrich Klagges organisierte Aufmarsch der SA zeigte bereits wichtige Elemente der späteren Aufmärsche. Das Bild des Hitler-Fotografen Heinrich Hoffmann zeigt eine ungewöhnliche Perspektive von der Tribüne auf die (zahlreichen) Zuschauer.

Artikel 3. Die von der Reichsregierung beschlossenen Reichsgesetze werden vom Reichskanzler ausgefertigt und im Reichsgesetzblatt verkündet. Sie treten, soweit sie nichts anderes bestimmen, mit dem auf die Verkündung folgenden Tage in Kraft. [...]
Artikel 4. Verträge des Reiches mit fremden Staaten, die sich auf Gegenstände der Reichsgesetzgebung beziehen, bedürfen für die Dauer der Geltung dieser Gesetze nicht der Zustimmung der an der Gesetzgebung beteiligten Körperschaften. Die Reichsregierung erlässt die zur Durchführung dieser Verträge erforderlichen Vorschriften.
Artikel 5. Dieses Gesetz tritt mit dem Tage seiner Verkündung in Kraft. Es tritt mit dem 1. April 1937 außer Kraft; es tritt ferner außer Kraft, wenn die gegenwärtige Reichsregierung durch eine andere abgelöst wird.

Reichsgesetzblatt Nr. 25, 21. März 1933, Teil 1.

10 Die vorweggenommene „Machtergreifung" in Braunschweig 1930–1932

Als die Nationalsozialisten 1933 die Macht auf Reichsebene erhielten, hatten sie auf Landesebene bereits entsprechende Erfahrungen gemacht, die auch im Ausland registriert worden waren. In Braunschweig gelang es 1930–1932 der NSDAP über eine Koalitionsregierung mit konservativen bürgerlichen Parteien, an die Schaltstellen der Macht zu gelangen (wie zuvor schon in Thüringen und später in Anhalt, Oldenburg und Mecklenburg). Die bürgerlichen Kräfte (vor allem DVP und DNVP) hielten an dieser Koalition fest, obgleich die NSDAP sich in dieser Phase keineswegs „zähmen" ließ. Diese bemühten sich zwar anlässlich der Gründung der „Harzburger Front", Adolf Hitler keine öffentlichkeitswirksamen Auftritte zu ermöglichen, aber das konnten die Nationalsozialisten eindrucksvoll durch das gewaltige SA-Treffen mit über 100 000 Teilnehmern in Braunschweig im Jahr 1931 kompensieren. Als braunschweigischer Gesandter in Berlin erhielt Hitler die deutsche Staatsbürgerschaft. So konnte er bei den Reichspräsidentenwahlen im Jahr 1932 kandidieren.
Interview des amerikanischen Journalisten Knickerbocker mit dem braunschweigischen nationalsozialistischen Innenminister Dietrich Klagges 1932:

[...] Herrn Klagges als Minister des Innern und des Erziehungswesens unterstehen nicht nur die Schulen, sondern auch die Polizei. Ich fragte den Minister, was mit den deutschen Kommunisten geschehen würde, wenn Hitler die Regierung ergreift. „Wir würden sie unterdrücken", erklärte er. „Aber das soll nicht heißen, dass es zu einem Racheregime käme." [...] Würden die republikanischen, antifaschistischen Parteien Anstrengungen machen, um Hitler mit Gewalt daran zu hindern? [so fragte der Interviewer weiter] „Die Erfahrungen in meinem Amt haben mich gelehrt", gab er zur Antwort, „dass unsere Gegner nicht die Leute sind, bewaffneten Widerstand mit den Massen gegen eine legale Regierung der Nationalsozialisten zu leisten [im Original: erheben]. Es ist für Demokraten nicht möglich, die Auswirkungen des demokratischen Systems mit Gewalt zu hintertreiben oder auch nur einen Versuch in dieser Richtung zu unternehmen und dabei Demokraten zu bleiben. Die ganze Ideologie der republikanischen Gegner der Nationalsozialisten ist so geartet, dass sie den Mechanismus der Volksregierung, den sie selbst ins Leben gerufen haben, weiter selbst dann funktionieren lassen müssen, wenn das Resultat darin besteht, dass eine Partei, die sie verabscheuen, ans Ruder gelangt".
Wenn man von den Zuständen in einem Staat unter dem Parteiregime eines Hitleranhängers auf die Aussichten für eine Reichsregierung Hitler schließen kann, muss man [...] zu der Ansicht kommen, dass die Zukunft keine Katastrophen birgt, doch es bleibt Tatsache, dass selbst die politischen Feinde der Nazis aus dem Lager der republikanischen Linken über die Milde der Naziregierung in Braunschweig erstaunt sind [...] Den größten Wert für das Ausland (hat) vielleicht die Tatsache, dass Hitler sich gerade einen Mann wie Herrn Klagges als Repräsentanten gewählt hat. Wenn Hitler damit zum Ausdruck bringen wollte, dass er sein Berliner Kabinett mit Männern gleich gemäßigter Haltung besetzen wird, dann könnte sich vielleicht herausstellen, dass die Befürchtungen, die man an eine Regierung Hitler knüpft, übertrieben sind.

Zit. nach: Friedrich W. Rogge: Das Beispiel Braunschweig – Die vorweggenommene Machtergreifung 1930/32. In: Regionale Gewerkschaftsblätter Heft 9. Zit. nach: http://www.dgb-son.de

11 Tagebuchnotizen vom 21. März 1933 zum „Tag von Potsdam"

Erich Ebermayer war Romanschriftsteller, Theater- und Drehbuchautor und eng bekannt u.a. mit Klaus Mann, Franz Werfel und Stefan Zweig. Den Nationalsozialismus lehnte er offen ab, musste aber nicht emigrieren. Als Drehbuchautor war er auch während der NS-Zeit erfolgreich.

Der „Tag von Potsdam"! Ein Flaggenmeer in allen Straßen [in Leipzig]. Auch wir konnten uns nicht ausschließen. Ich hole also die alte schwarz-weiß-rote Fahne aus dem Weltkrieg vom Boden herunter und hisse sie. Die schwarz-rot-goldene, das gute, geschändete, verratene und niemals genug geschätzte Stück wandert dafür auf den Boden [...]

Am Vormittag Übertragung der Feiern in Potsdam über den Rundfunk. Alles geschickt, eindrucksvoll, ja hinreißend, jedenfalls für die Massen. Aber auch wir können und dürfen die Augen nicht verschließen vor dem, was hier geschieht. Heute und hier gelang die Vermählung, wenn nicht ewig, so doch auf Zeit, zwischen den von Hitler geführten Massen und dem „Geist von Potsdam", dem Preußentum, repräsentiert durch Hindenburg. Welch großartige Inszenierung durch den Meisterregisseur Goebbels! Die Fahrt Hindenburgs, der Regierung und der Abgeordneten geht von Berlin bis Potsdam durch ein einziges geschlossenes Spalier jubelnder Millionen. Ganz Berlin scheint auf der Straße zu sein. Regierung und Abgeordnete gehen von der Nikolai- zur Garnisonkirche zu Fuß. Glockenläuten und Kanonenschießen. Hindenburg betritt mit Hitler die Garnisonkirche. Der Rundfunksprecher weint fast vor Rührung.

Dann verliest Hindenburg seine Botschaft. Einfach, stark, aus schlichtem Herzen kommend und deshalb wohl zu schlichten Herzen sprechend. Allein die Tatsache, dass ein Mann dasteht, der Generationen deutscher Geschichte vereinigt [...] 1914 bis 1918 zum Nationalhelden emporwuchs [...] er vollzieht nun, kurz vor dem Grab die Vermählung seiner Welt mit der neu aufgestiegenen, die der österreichische Gefreite Hitler repräsentiert.

Dann spricht Hitler. Es ist nicht zu leugnen: Er ist gewachsen. Aus dem Demagogen und Parteiführer, dem Fanatiker und Hetzer scheint sich – für seine Gegner überraschend genug – der wirkliche Staatsmann zu entwickeln. Also doch ein Genie, in dessen rätselhafter Seele ungeahnte und unerhörte Möglichkeiten liegen? Die Regierungserklärung zeichnet sich durch auffallende Mäßigkeit aus. Kein Wort des Hasses auf die Gegner, kein Wort von Rassenideologie, keine Drohung nach innen oder außen. Nur was sie wollen, davon spricht Hitler. Erhaltung der großen Tradition unseres Volkes. Festigkeit der Regierung statt ewigen Schwankens, Berücksichtigung aller Erfahrungen im Einzel- und Gemeinschaftsleben, die sich in Jahrtausenden als nützlich für die Wohlfahrt der Menschen erwiesen haben. [...]

Niemand kann sich der Erschütterung entziehen. Auch Vater ist tief beeindruckt. Mutter stehen die Tränen in den Augen. Ich gehe schweigend aus dem Zimmer, aus dem Haus, hinaus in den Wald. Ich muss allein sein.

Am Abend eine stille Stunde mit M. Er ist völlig unberührt von den Geschehnissen des Tages, wie wenn ihn eine dichte Schutzhaut umgäbe. Er hält alles nur für abgekartetes Theater, wird keinen Augenblick schwankend in seiner instinktiven Abneigung. „Ihr werdet's schon noch erleben!", sagt der Einundzwanzigjährige. Ich schweige beschämt und zerrissen.

Erich Ebermayer: Denn heute gehört uns Deutschland ... Persönliches und politisches Tagebuch. Von der Machtergreifung bis zum 31. Dezember 1935. Hamburg/Wien 1959, S. 45 ff.

12 Erinnerungen des französischen Botschafters in Berlin, André François-Poncet, an die Vorgänge im Frühjahr 1933

Die Potsdamer Komödie.

Die Vorstellung, dass eine Regierung lügen könne, geht nicht leicht in die Köpfe der Deutschen ein. Die angeborene Achtung, die sie vor der gesetzlichen Autorität haben, bringt sie dazu, sich allem unterzuordnen, was von ihr ausgeht, und dies erst recht, wenn es sich um einen so besonderen Mann handelt, den der Marschall [Hindenburg] als Reichskanzler berief und der sich als Retter der Bedrängten ausgibt.

Während der Reichstagsbrand im Ausland als verdächtige Machenschaft betrachtet wird, sieht die ungeheuere Mehrheit der Deutschen darin – wie es ihr dargestellt wird – ein kommunistisches Verbrechen. Das Ereignis wühlt die Gemüter im ganzen Lande auf. Eine Welle der Erregung geht über das Reich. Man kann sozusagen den wirklichen Ernst der marxistischen Gefahr mit Händen greifen. Wer dürfte künftig noch daran zweifeln? Man berichtet von Fällen, in denen Bauern die Brunnen und Quellen bewachen lassen, aus Furcht vor Massenvergiftungen, auf die in offiziellen Communiqués hingewiesen wird. Dagegen wird die Skepsis des Auslandes mit Empörung aufgenommen und fordert den Hass im Volk heraus. Der Graben zwischen Deutschland und dem Ausland wird immer breiter.

Im Innern des Landes kann Hitler zuschlagen. Er wird allgemeiner Zustimmung begegnen. Ist er nicht der Schützer,

13 Postkarte zum „Tag von Potsdam", 1933

der Retter der Nation? Seine Entschließungen lassen nicht auf sich warten. Er schmiedet das Eisen, solange es heiß ist. Am 1. März vervollständigt eine zweite Verordnung zum Schutz für Volk und Staat die vorhergegangene. Sie schafft einen Belagerungszustand besonderer Art, bei dem das Militär nicht eingreift, denn man ist der Reichswehr nicht sehr sicher. Diese Verordnung verleiht der Reichsregierung die Macht, sich über die Regierung der Bundesstaaten zu stellen. Sie beschränkt weiterhin, was an persönlicher Freiheit, Pressefreiheit, Versammlungsrecht übrig geblieben ist. Das Postgeheimnis für Brief-, Telefon- und Telegrammverkehr wird aufgehoben. Hochverrat, der als Begriff übrigens nicht genau festgelegt ist, Brandstiftung, Attentate gegen den Reichspräsidenten und die Kabinettsmitglieder werden mit dem Tode bestraft. Nicht nur die Kommunisten, deren Führer Thälmann eingesperrt wurde, sondern auch die Reihen der Sozialdemokraten, der hauptsächlichsten Gegner, werden systematisch gelichtet.

In wenigen Tagen werden in Preußen 5000 Personen festgesetzt, im Rheinland 2000. Schriftsteller wie Ludwig Renn und Karl von Ossietzky, der Schriftleiter der „Weltbühne“, sind darunter. Andere, wie Theodor Wolff und Georg Bernhard, ziehen sich nach München zurück, wo die bayerische Regierung noch so etwas wie Widerstand leistet. Die Gefängnisse sind überfüllt. Alsbald beginnt man von zwei neuen Einrichtungen zu sprechen, die für das Dritte Reich charakteristisch sind: die Konzentrationslager, in denen die Gefangenen in Holzbaracken untergebracht sind und mit äußerster Strenge behandelt werden, und die Geheime Staatspolizei, Gestapo, die bald eine der mächtigsten Organisationen der Regierung sein wird. Über beide gehen dunkle Gerüchte um. Dachau beginnt, sich einen furchtbaren Namen zu machen. Die Liberalen und Juden verlassen in zunehmendem Maße das Land. Sie belagern die Konsulate, um ihr Passvisum zu erhalten, und vermehren so die Zahl der Emigranten in England, Amerika und Frankreich.

Indessen verstärken die Nazis ihre Wahlpropaganda. Immer zahlreicher werden die Vorbeimärsche mit Fanfarenklang, die Paraden, Fackelzüge und öffentlichen Versammlungen mit großer Aufmachung. Der Reichstagsbrand bietet ihren Rednern ein willkommenes Thema, das sie pathetisch entwickeln. Hitler spricht in allen großen Städten. Lautsprecher sind an den Straßenecken und auf den Plätzen aufgestellt, und in dichten Gruppen stehen die Menschen davor und nehmen in Ehrfurcht das Echo seines rauen Gebrülls in sich auf.

[…] Die Wirkung, die von der dynamischen Kraft des Nationalsozialismus ausging, sobald er einmal an die Regierung gelangt war, die ungeheure Propaganda, die von den Nazis entfaltet, der Druck, der von ihnen auf alle mögliche Art ausgeübt wurde, schließlich der beispiellose Betrug des Reichstagsbrandes haben Hitler einen Zustrom von 6.000.000 Stimmen […] eingetragen.

André François-Poncet: Als Botschafter in Berlin 1931–1938. Mainz 1949, S. 101–103.

14 Sportverbände unter dem Hakenkreuz

a) SA-Sportführer Bruno Malitz, Anfang April 1933:

Franzosen, Belgier, Polacken, jüdische Nigger, alle sind sie auf deutschen Rennbahnen gelaufen, haben auf deutschen Fußballplätzen gespielt und sind in deutschen Schwimmbecken geschwommen. Alle diese Ausländer haben auf unsere Kosten eine herrliche Zeit gehabt. Die Förderer des Sports (in der Weimarer Republik) haben das Geld bedenkenlos ausgegeben, um die internationalen Verbindungen Deutschlands mit seinen Feinden noch enger zu machen.

Zit. nach: G. Fischer u. U. Lindner: Stürmer für Hitler, Vom Zusammenspiel zwischen Fußball und Nationalsozialismus. Göttingen 1999, S. 190.

b) Begeisterung für Hitler: Der Historiker Nils Havemann zum Fußball im „Dritten Reich“:

Nach 1933 erlebte der deutsche Fußball einen enormen Aufschwung, der durch eine sportfreundliche Gesetzgebung, den Bau neuer und großer Arenen und die großzügige finanzielle Förderung der Vereine verstärkt wurde. Während die deutschen Länderspielbilanzen der Jahre 1931 (ein Sieg bei drei Unentschieden und drei Niederlagen) und 1932 (drei Siege und drei Niederlagen) allenfalls von Mittelmaß zeugten, startete die Nationalelf nach der „Machtergreifung“ eine imponierende Erfolgsserie, die mit dem dritten Platz bei der Weltmeisterschaft 1934 einen ersten Höhepunkt erreichte. Aus dem Gefühl, dass es nach den Jahren ständiger Krisen und Angst nicht nur im Fußball, sondern auch im ganzen Land rasant „aufwärts“ zu gehen schien, erwuchs bei nahezu allen Fußballspielern und Funktionären eine große Begeisterung für Adolf Hitler und das nationalsozialistische Regime.

Diese Euphorie war insofern bemerkenswert, als die führenden Funktionäre des DFB bis Anfang 1933 einem politischen Spektrum zuzuordnen waren, das teilweise in scharfem Gegensatz zur NSDAP stand.

Nils Havemann: Fußball unterm Hakenkreuz. In: Aus Politik und Zeitgeschichte 19/2006, S. 36.

15 Im Jahr 2005 hat der DFB eine von ihm in Auftrag gegebene Studie vorgestellt, die von den Historikern Dr. Nils Havemann (Mainz) und Prof. Klaus Hildebrand (Bonn) erarbeitet wurde.

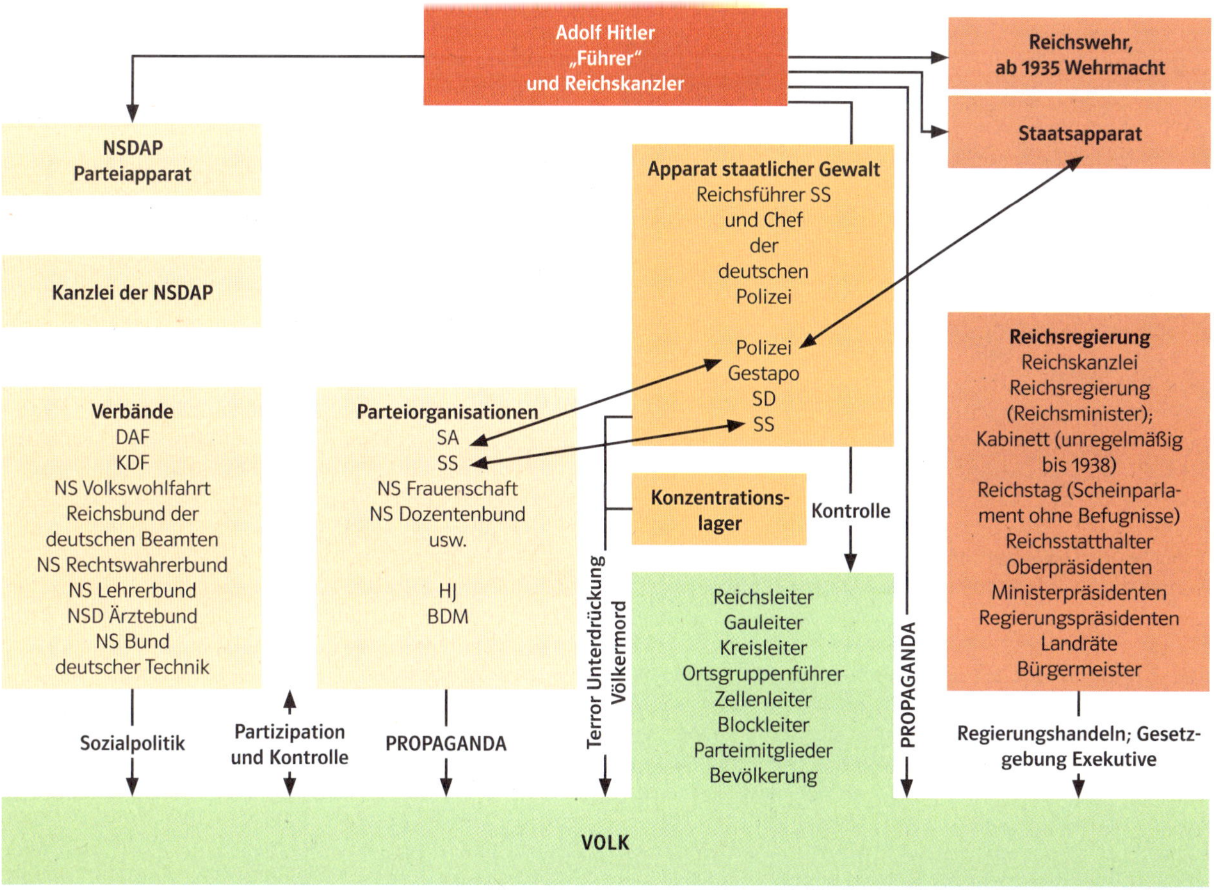

16 Organigramm der NS-Herrschaft. Partei- und Staatsstrukturen werden miteinander verschränkt. Die Macht geht vom „Führer“ aus. Die Bürger können nicht mehr Rechte gegenüber dem Staat geltend machen.

17 Terrorisierung politischer Gegner 1933

Franz Bollfraß erinnerte sich an seine Erlebnisse am 21. Juni 1933 im SA-Lokal „Demuth“:

„Im Sturmlokal Demuth wurden wir mit Johlen und Brüllen empfangen und erhielten sogleich die ersten Schläge. Mit den Worten: „Heute rechnen wir mit euch Kommunistenschweinen ab“, ging es durch das Lokal zum Hof und dann mit Schlägen und Fußtritten die Holztreppe zum Heuboden hinauf.

Hier saß ein SA-Scharführer und nahm die ‚Personalien‘ auf. Sofort war auch einer da, der sich mit meinen Haaren beschäftigte und der Meinung war, sie wären zu lang und müssten geschnitten werden. Ich glaube, ein Tier behandelt man anders, als ich jetzt behandelt wurde. Mir wurden mit einem Gegenstand, es soll eine Schere gewesen sein, die Haare ausgerissen, sodass das Blut auf mein Gesicht und mein Hemd rann. Einmal versuchte ich das Blut abzuwischen, worauf ich von einem SA-Mann einen Schlage erhielt, dass ich sofort umfiel. […]“

An den Folgen der Folter durch die SA-Leute im Sturmlokal Demuth starben Walter Majchrzack, Fritz Ott, Paul Pohle, Karl Pokern, Josef Spitzer und Paul Spitzer, Paul Wilczoch und Alfred Pusch. Karl Pokern wurde durch Misshandlungen entsetzlich zugerichtet und im Amtsgerichtsgefängnis erschossen.

Frau Wilczoch über die Folgen der Folter an ihrem Mann, Paul Wilczoch:

„Nach drei Tagen und zwei Nächten kam mein Mann nachts zurück. Als ich ihn sah, fiel ich vor Schreck fast um. Er war entsetzlich zugerichtet. Die Haare waren herausgeschnitten oder gerissen, und er war mit Heftpflaster verklebt. Mit brennenden Fackeln hatte man ihn ins Gesicht geschlagen. Er konnte noch sprechen und erzählte mir, dass man ihm heißen Teer auf die Wunden gegossen habe […]

Und als er über Durst klagte, hat man ihm Karbolineum (Imprägnierungs- und Schädlingsbekämpfungsmittel) zu trinken gegeben. Schon als ich meinen Mann ins Krankenhaus brachte, war mir vom Arzt gesagt worden, dass Lebensgefahr bestand. Er hatte schon hohes Fieber. Mein Mann hatte mich nicht zum Arzt gehen lassen, weil die SA gedroht hatte, dass sie dies verhindern würde. Mein Mann hat im Krankenhaus in einer Wanne mit Borwasser gelegen. Er hat furchtbarste Schmerzen ausgehalten und geschrieen, wenn nur jemand an ihn herankam. Man durfte ihn nicht mehr anfassen. Sogar das Pflegepersonal hat vor Mitleid geweint. Ein bis zwei Tage vor seinem Tod war er größtenteils bewusstlos. Seine inneren Organe waren völlig verletzt. Er ist dann am 30. Juni 1933 gestorben.“

http://bda-koepenick.de/verfolgte/salokaldemuth.html

18 Zur Herrschaftstechnik Hitlers

Der Historiker Karl Dietrich Bracher über das Verhältnis von Staat und Partei im Nationalsozialismus:

In der Tat, die geschickte Handhabung der Fiktion von der „legalen“ und „nationalen“ Revolution hätte nicht genügt, den Übergang vom Rechtsstaat zur totalitären Diktatur so reibungslos zu gestalten. Dazu bedurfte es noch eines weiteren Mittels der Machtergreifungs- und Herrschaftstechnik, dessen sich Hitler nun bediente: des

19 Ein „Sturmlokal“ 1933. Diese Parteibüros dienten als Gefängnis und Folterstätte der ersten Stunde.

Dualismus von „Staat“ und „Partei“, der auch im Einparteienstaat fortdauerte. Entgegen einem weit verbreiteten Klischeedenken bedeutet totalitäre Herrschaft keineswegs geschlossene, monolithisch-eingleisige Ordnungsstruktur. Es entspricht auch nicht den Tatsachen, dass sie rationaler, mit höherer Effektivität arbeite oder kraft des Führerprinzips dem komplizierten Pluralismus der Demokratie überlegen sei. Vielmehr hat Hitler darauf verzichtet, Partei und Staat gänzlich zu verschmelzen. Auf allen Gebieten des öffentlichen Lebens blieben rivalisierende Instanzen bestehen oder wurden sogar neu geschaffen. So kam zum Beispiel statt der versprochenen Reichsreform die Verwandlung des Bundesstaates in ein unüberschaubares System von Satrapien, in denen oft sogar drei verschiedene Führungsinstanzen den Primat beanspruchten: Reichsstatthalter, Gauleiter und Ministerpräsident. Statt einer Verwaltungsvereinfachung hat die Inflation des Führerprinzips die Zuständigkeitsverhältnisse noch kompliziert. Reibereien, Leerlauf, Doppel- und Mehrgleisigkeit waren die Folge, und es zeigte sich rasch, dass dies nicht eine Kinderkrankheit des neuen Systems war, sondern zu seinem Wesen gehörte.

Tatsächlich handelte es sich hier um eine weitgehend bewusst eingesetzte Herrschaftstechnik, die besonders in der Machtergreifungsphase, aber auch danach eine wichtige Funktion besaß. Dies Verfahren erleichterte die Gewinnung der Fachleute, denen ein Fortbestehen der bisherigen Ordnung zugesichert wurde. Wie im Fall der „legalen Revolution“ trübte ihnen die Genugtuung über die eigene Bedeutung auch im neuen System den Blick dafür, dass diese Zweigleisigkeit nur eine relative, jederzeit aufhebbare Freiheit konzedierte und dass in entscheidenden Fragen der Führer und seine Verfügungsgewalt über die direkten Mittel des Zwangs und Terrors stets den Ausschlag gaben: so wie neben dem fortbestehenden Rechts- und Justizwesen, dieser täuschenden Fassade, die Schutzhaft-, Gestapo- und KZ-Politik, unerreichbar für alle Gerichte, ihre Wirkungsmöglichkeiten entfaltete. Damit ist auch die zweite Funktion angedeutet, die dieser Dualismus, diese Zwei- und oft Vielgleisigkeit der Herrschaftsstruktur schon in der Machtergreifungsphase besaß. Der Führer stand als Einziger über dem Wirrwarr der Zuständigkeiten und Befehlsreihen, die fast allen Beteiligten, Nationalsozialisten und Nichtnationalsozialisten, ihre Hoffnungen ließ, sie an das Regime band; er war der oberste Schiedsrichter, dessen omnipotente Stellung durch alle Rivalitäten der Unterführer, alle Konflikte zwischen Staat und Partei, Wehrmacht und SA, Wirtschaft und Verwaltung immer neu bestätigt wurde; er konnte, indem er den einen gegen den anderen ausspielte und jedem recht zu geben schien, die eigene Macht desto unangefochtener behaupten und steigern. Hitler hat, wie schon in der Kampfzeit, dies Prinzip, das alle von ihm abhängig machte, bis zur Virtuosität benutzt. Wie weit es volle Absicht oder eher Ausdruck der sprunghaften Stimmungen des Führers und seiner Bewegung war, die dem Chaos näherstand als der Ordnung, wird umstritten bleiben. Jedenfalls hat dieses gesteuerte Chaos die grotesken Fehleinschätzungen der nationalsozialistischen Revolution durch die Zeitgenossen verhängnisvoll beeinflusst.

Karl Dietrich Bracher: Die deutsche Diktatur. Köln 1969, S. 232 f.

20 Eine chaotische Art der Regierung

Der englische Historiker Ian Kershaw über Adolf Hitlers Regierungsstil und Machtstellung:

Gegen eine Festlegung rationaler politischer Prioritäten sprach auch auf zentraler Regierungsebene deutlich der Umstand, daß Hitler ideologisch bedingt dazu neigte, Rivalen ihre Meinungsverschiedenheiten ausfechten zu lassen, um sich dann – in einer instinktiven Anwendung sozialdarwinistischer Prinzipien – auf die Seite des Gewinners zu stellen, und daß er im Falle einer Krise rasch seine Zuflucht dazu nahm, bestehende Institutionen zu umgehen oder zu zerschneiden und neue Einrichtungen zu schaffen, die ihre Vollmachten direkt von ihm als Führer erhielten und allein von seiner Autorität abhängig waren. Das führte zwangsläufig dazu, daß sich die Zentralregierung langsam auflöste – was sich in immer seltener stattfindenden Kabinettssitzungen und deren völliger Einstellung Anfang 1938 spiegelte – und schließlich in eine Vielzahl konkurrierender und nicht koordinierter Ministerien, Parteistellen und halbstaatlicher Stellen zerfiel, die alle für sich beanspruchten, den Willen des Führers richtig zu deuten. [...]

Durch seinen unbürokratischen und eigentümlichen Herrschaftsstil verstärkte Hitler merklich die chaotische Art der Regierung im Dritten Reich. Er hatte exzentrische „Arbeits“zeiten, eine Abneigung dagegen, irgend etwas schriftlich festzuhalten, war immer wieder längere Zeit nicht in Berlin und selbst für wichtige Minister unerreichbar, hatte für kompliziertere Probleme keine Geduld und neigte dazu, impulsiv und wahllos einzelne Informationen oder unausgegorene Einschätzungen von alten Freunden und Günstlingen aufzugreifen – und all das bedeutete, daß eine im herkömmlichen Sinne geordnete Regierung ganz und gar unmöglich war. [...]

Die nicht etwa unmittelbare, sondern distanzierte Führung in Alltagsangelegenheiten und das Hinauszögern von Entscheidungen, solange sich die Situation nicht größtenteils von selbst geklärt hatte, spiegelten nicht nur den Hitlerschen Herrschaftsstil, sondern waren notwendige Bestandteile seiner „charismatischen“ Führerautorität und halfen, in Regierungskreisen und im Volk den Mythos aufrechtzuerhalten, Hitler besitze ein unfehlbares Urteilsvermögen und stünde über allem Parteienhader – über der „normalen Politik“. Verglichen mit der enormen Unpopularität der Partei und vieler Aspekte der mit dem Nationalsozialismus verknüpften täglichen Erfahrung, läßt sich Hitlers rasch wachsende Popularität nur darauf zurückführen, daß die Öffentlichkeit das Bild eines Führers vor Augen hatte, der mit internen politischen Machtkämpfen und der grauen Alltagsrealität des Dritten Reiches nichts zu tun zu haben schien. Bis zu einem gewissen Grade mußte Hitler diesem Bild gerecht werden. Auch dadurch war ein Führungsstil bedingt, der sich durch Zurückhaltung, Nichteinmischung, „Mäßigung“ in sensiblen Bereichen (wie etwa beim „Kirchenkampf“) und die Tendenz auszeichnete, sich immer auf die Seite der „stärkeren Bataillone“ zu schlagen. Die Notwendigkeit, immer größere Meisterleistungen zu vollbringen, um die Massen enger an sich zu binden und ein Abflauen der „Vitalität“ des Regimes hin zu Stagnation, Ernüchterung und möglichem Zusammenbruch zu verhindern, war ein weiterer gewichtiger Faktor, der gegen die Einführung eines „Zustands der Normalität“ im Dritten Reich sprach und statt dessen die radikale, aber im wesentlichen negative Dynamik förderte, die die Grundlage der sozialen Integration der Nazibewegung gebildet hatte, letztlich jedoch in kaum etwas anderem als in Zerstörung enden konnte.

Ian Kershaw: Der NS-Staat. Reinbek 1994, S. 134–137. Übs. Jürgen Peter Krause (in alter Rechtschreibung).

21 Die Olympischen Spiele 1936

a) Aus den Tagebuchaufzeichnungen von Victor Klemperer über die Olympiade 1936:

13. August, Donnerstag

Die Olympiade geht nächsten Sonntag zu Ende, der Parteitag der NSDAP kündigt sich an, eine Explosion steht vor der Tür, und es ist natürlich, dass man sich zuerst gegen die Juden abreagieren wird. So vieles ist aufgehäuft. Der Gustloffprozess kommt im September; die Danziger Sache ist nur vertagt[1], die „verbündeten“ Polen haben den französischen General Gamelin zum Marschall gemacht, Mussolini hat straflos Abessinien eingesteckt – und seit ein paar Wochen ist der spanische Bürgerkrieg[2] im Gang. In Barcelona sind vier Deutsche als Märtyrer des Nationalsozialismus von einem Revolutionsgericht „ermordet“ worden, und schon vorher hieß es, die emigrierten deutschen Juden hetzten dort gegen Deutschland. Weiß Gott, was aus alledem wird, sicherlich aber und wie auch sonst immer ein neues Vorgehen gegen die Juden. Ich glaube nicht, dass wir unser Haus behalten werden. Marta erzählt aus Prag, dass man dort und in England mit Krieg noch im Herbst rechne – aber wie oft hat man das in Prag schon geglaubt. Der politische Aspekt wechselt beinahe täglich, es wäre ungeheuer interessant, wenn es nicht so trostlos wäre. Um Spanien hat der dritte Napoleon seinen Verzweiflungskrieg begonnen – aber wieweit liegt eine Analogie vor? Ich höre immer wieder, zuletzt vom Lehrer Forbrig: Hitler wolle wirklich den Frieden, noch ein bis zwei Jahre, denn vordem seien unsere Rüstungen nicht fertig. Wiederum: Was in Deutschland jedes Kind weiß, kann doch auch Herrn Leon Blum[3] nicht unbekannt sein. Ist man in Frankreich so dumm, auf das Geschlachtetwerden zu warten? Wiederum: Wieso hat man bisher alles hingenommen? In Frankreich von Deutschland, in England von Italien? Alles ist vollkommen undurchsichtig und dunkel. Wahrscheinlich kennt niemand, auch kein Regierender, die tatsächlich vorhandenen Kräfte, Hemmungen und Stimmungen.

Die Olympiade, die nun zu Ende geht, ist mir doppelt zuwider. 1. als irrsinnige Überschätzung des Sports; die Ehre eines Volkes hängt davon ab, ob ein Volksgenosse zehn Zentimeter höher springt als alle andern. Übrigens ist ein Neger aus USA am allerhöchsten gesprungen[4] und die silberne Fechtmedaille für Deutschland hat die Jüdin Helene Meyer gewonnen (ich weiß nicht, wo die größere Schamlosigkeit liegt, in ihrem Auftreten als Deutsche des Dritten Reichs oder darin, dass ihre Leistung für das Dritte Reich in Anspruch genommen wird). [...] Und 2. ist mir die Olympiade so verhasst, weil sie nicht eine Sache des Sports ist – bei uns meine ich –, sondern ganz und gar ein politisches Unternehmen. „Deutsche Renaissance durch Hitler“ las ich neulich. Immerfort wird dem Volk und den Fremden eingetrichtert, dass man hier den Aufschwung, die Blüte, den neuen Geist, die Einigkeit, Festigkeit und Herrlichkeit, natürlich auch den friedlichen, die ganze Welt liebevoll umfassenden Geist des Dritten Reiches sehe. Die Sprechchöre sind (für die Dauer der Olympiade) verboten, Judenhetze, kriegerische Töne, alles Anrüchige ist aus den Zeitungen verschwunden, bis zum 16. August, und ebensolange hängen überall Tag und Nacht die Hakenkreuzfahnen.

22 Jesse Owens, USA, gewann 1936 olympisches Gold im 100-Meter- und 200-Meter-Lauf und im Weitsprung (8,06 m).

---

1 Der Anspruch Deutschlands auf die Freie Stadt Danzig, die seit dem Versailler Vertrag aus dem Deutschen Reich ausgegliedert worden war, wurde, seit die NSDAP 1933 im Danziger Volkstag die Mehrheit errungen hatte, immer offener propagiert.

2 Nach dem Putsch unter Franco im Juli 1936 leisteten Deutschland, Italien und Portugal den Putschisten militärische Hilfe. Am 18. November 1936 wurde die Franco-Regierung von Deutschland und Italien anerkannt.

3 Leon Blum (1872–1950), 1936/37 französischer Ministerpräsident; der Sozialist führte weitgehende soziale Reformen durch, verbot die faschistischen Wehrverbände. 1942 von der Vichy-Regierung verhaftet, 1943–1945 in deutschen KZ-Lagern interniert. 1946/47 erneut Ministerpräsident.

4 Cornelius Johnson (2,03 m)

Victor Klemperer: Das Tagebuch 1933–1945. Bearb. v. Harald Roth, Berlin 1995, S. 291 ff.

23 In der Ausstellung „Entartete Kunst“ zeigten die Nationalsozialisten Werke moderner Malerei (hier die von Ernst Ludwig Kirchner und Karl Schmidt-Rottluff).

24 Joseph Torak, „Kameradschaft“, 1937, in den Räumen der „Großen Deutschen Kunstausstellung“

25 Szene aus Olympia, dem 3½-stündigen Film über die Olympischen Spiele 1936 von Leni Riefenstahl. Der Film wurde nach dem Krieg in den USA zu den 10 besten Filmen aller Zeiten gerechnet. Seine Ästhetik ist bis heute umstritten.

b) Der amerikanische Journalist William L. Shirer über die Olympischen Spiele (1936):

Ich fürchte, die Nazis hatten Erfolg mit ihrer Propaganda. Erstens haben sie die Spiele in einer nie zuvor erlebten Dimension veranstaltet, was die Athleten sehr beeindruckte. Zweitens haben die Nazis den allgemeinen Besuchern, insbesondere den großen Geschäftsleuten, eine sehr gute Fassade vorgeführt. Ralph Barnes und ich wurden zu einem Treffen mit Amerikanern eingeladen. Sie äußerten ganz offen, dass sie von der „Organisation“ der Nazis in günstiger Weise beeindruckt worden seien. Sie hatten mit Göring gesprochen, und dieser meinte, wir amerikanischen Korrespondenten verhielten uns gegenüber den Nazis unfair. „Hat er Ihnen von der Unterdrückung zum Beispiel der Kirche durch die Nazis etwas gesagt?“, fragte ich. „Ja“, versicherte einer der Männer, „und er machte uns klar, dass alles, was ihr Kerle über Religionsverfolgung hier schreibt, unwahr ist.“ Worauf Ralph und ich etwas zu heftig aufbrausten, wie ich fürchte. Und überzeugen konnten wir sie schon gar nicht.

William L. Shirer: Berliner Tagebuch. Aufzeichnungen eines Auslandkorrespondenten 1934–1941. Leipzig (reclam) 1995, S. 60. Übers. Jürgen Schebera.

26 Schöner Schein der Vernichtung

Körperbilder und -metaphern spannen Sinnlichkeit und Emotionalität in politische Prozesse ein und sind geeignet, unbewusste Sinninhalte zu aktivieren. Auf den Zug des Kults um den sportlich trainierten Männerkörper konnte auch der NS-Staat aufspringen, um in seiner öffentlich-repräsentativen Szenerie mit Körperinszenierungen direkt, ohne Umweg über das reflektierende Bewusstsein, historisch gewachsene Gefühle, Stimmungen und Sehnsüchte hervorzurufen. Das Prinzip des Aufrechten, in dem sich seit dem 18. Jahrhundert die Souveränität und Autonomie des männlichen Bürgers dokumentiert hatte, erreichte nach 1933 seinen Höhe- wie seinen Tiefpunkt. Mit starrem Blick, vorgerecktem Kinn, herausgedrückter Brust, eingezogenem Bauch und zusammengepressten Gesäßbacken marschierten SA, SS und Wehrmacht in strammem Gleichschritt. Ihre geometrisch geordneten Marsch-Körper zeigten höchste Selbstdisziplin und eine von außen auferlegte Gewalt gleichermaßen. Ähnlich ambivalenten Kompositionsprinzipien folgten die hoch aufragenden, männlichen Akt-Skulpturen von Staatskünstlern wie Arno Breker oder Joseph Thorak: Sie knüpften an die Autonomie repräsentierende Ikonografie des Aufrechten an; gestellte Posen und panzerartige Muskulaturen machten aber auch eine den Figuren oktroyierte Bewegungsbeschränkung augenfällig. Es sind Sieger- und Besiegtenkörper zugleich. Das sportliche Ideal eines geschlossenen, aufgerichteten Männerkörpers, der Härte sich selbst ebenso wie anderen gegenüber zeigt, wird zugespitzt und schlägt auf seinem Höhepunkt um in ein Symbol der Unterordnung. Kollektive Marsch-Körper ebenso wie die in die überindividuellen Ganzheiten monumentaler Staatsbauten eingefügten Standbilder repräsentierten eine Selbstdisziplin im übergeordneten Interesse. Es sind „Körper der Unterordnung in Form strammer Aufrichtung“, Körper einer vom Staat kontrollierten Selbstkontrolle.

Wie die repräsentativen Staatsbauten des „Dritten Reiches“, so orientierten sich auch seine Körperinszenierungen seit dem „Wendejahr“ 1936 an den im deutschen Bürgertum seit dem 18. Jahrhundert sehnsüchtig gepflegten und Nobilität verbürgenden, klassizistischen Idealen ganzheitlicher Geschlossenheit und harmonischer Vollkommenheit. Die starren, makellos glatt und gänzlich porenfrei wirkenden Bronzefiguren Arno Brekers setzen sich sinnfällig nicht nur von den dynamischen, die wissenschaftliche Moderne repräsentierenden Körper- und Sportbildern etwa eines Willi Baumeister ab, sondern auch von den wuchtigen, porös anmutenden Steinfiguren völkischer Bildhauer wie Karl Albiker und Joseph Wackerle, die noch das Reichssportfeld für die Olympischen Spiele von 1936 „schmücken". Brekers Bronzefiguren spitzen klassizistische Vollkommenheitsideale zu einer einschüchternden, viele Menschen offenbar aber auch faszinierenden Body-Building-Idealität zu. Ihre Anziehungskraft speiste sich aus den skizzierten Traditionen: Auf der einen Seite sogen sie lebensreformbewegte Versprechen einer Befreiung des Körpers aus den Zwängen der Zivilisation in sich auf; auf der anderen setzten sie sich entschieden von allen Bildern schwacher, hilfloser und verletzlicher Körper ab, in denen sich seit der Kriegsniederlage in Deutschland vielfältige Niedergangsängste verdichteten.

Ihre Symbolik bewegte sich in klaren Gegensätzen: schön/hässlich, aufrecht/gebückt, stark/schwach, rein/unrein, gesund/krank. Besonders deutlich wurde dies in der Kampagne gegen die „Entartete Kunst" von 1937. Bereits ein flüchtiger Blick in den im Auftrag des Reichsministers für Volksaufklärung und Propaganda erstellten Ausstellungsführer zeigt, dass es im Kern um den Gegensatz zwischen dem „ganzen" und dem „zerstückelten" Körper ging. Bis auf eine Ausnahme finden sich darin ausschließlich Bilder von menschlichen Gesichtern und Körpern, produziert von Künstlern der Moderne wie Otto Freundlich, Otto Dix, Emil Nolde, Max Beckmann oder George Grosz. Auch in der Ausstellung selbst wurden vornehmlich Körperbilder gezeigt, die den „klassischen" Figurenkanon einer anatomisch möglichst genauen, naturalistischen Wiedergabe des Körpers als einer klar konturierten Einheit aufgegeben hatten. Als Kriegskrüppel und zerrissene Leichname, als demütig-gebückte Gestalten aus der christlichen Religion, als Prostituierte oder als expressionistisch schraffierter Akt bieten diese Werke aufgelöste Körpersilhouetten dar: den Zusammenbruch des soldatischen Mannes, Bilder leidender, schwacher und ohnmächtiger Menschen als fragilen Opfern des Daseins, Bilder also, „in denen der Blick, der nach Vereinheitlichung, nach dem Ganzen sucht, in Frage gestellt" wird. Das aber gehörte ausdrücklich zum ästhetischen Programm der Moderne wie zu den Körper-Entwürfen der Jazztanz-Bewegung der zwanziger Jahre, in der man die Körperteile isoliert bewegt und die Idee eines zentral gesteuerten, geschlossenen Körpers zugunsten eines polyzentrischen Körperbildes fallengelassen hatte. Auch während der NS-Zeit begegnete die so genannte Swing-Jugend der verordneten Strammheitszumutung mit einer lässigen Tanz- und Alltagshaltung. „Schlurfen" und „Swingen" waren Artikulationsformen einer oppositionellen Körperkultur, die das Ideal des strammen Körpers als sinnlichen Appell zu fremdbestimmtem Einsatz und kriegerischem Heldentum dechiffrierte.

Seit 1936 wurden die Bilder des parzellierten Körpers in der offiziellen „Kunstberichterstattung" schlicht mit Chaos analogisiert. Die Texte und Bilder der gleichgeschalteten Massenmedien präsentierten die Aufgabe eines geschlossenen Körperbildes als kulturelle Manifestation der Weimarer „Systemzeit", als Ausdruck des Kunstschaffens von „Geisteskranken", „Juden" und „Primitiven", als Offenbarung des „Kulturbolschewismus" und als Spiegelbild des „Rassenchaos". [...] NS-Künstler und -Künstlerinnen wie Arno Breker oder Leni Riefenstahl haben nach 1945 hartnäckig insistiert, ihre Kunst hätte mit Politik nie etwas zu tun gehabt; sie seien ausschließlich an der „zeitlosen Schönheit" starker und gesunder Körper interessiert gewesen. Unter den Bedingungen nazistischer Bevölkerungspolitik blieb die Schönheit des Gesunden jedoch nicht unschuldig. Eingewoben in ein dichtes bio-politisches Netz diskursiver, institutioneller und praktischer Grenzziehungen zwischen Sozialen und Asozialen, Hoch- und Minderwertigen, Rasse und Gegenrasse waren auch die „Auslesevorbilder" idealer Körper an der Durchsetzung eines Maßstabs „gesunder Normalität" beteiligt, an dem alles Unnormale abgetragen wurde.

Thomas Alkemeyer: Aufrecht und biegsam. Eine politische Geschichte des Körperkults. In: Aus Politik und Zeitgeschichte 18/2007, S. 13–16.

27 Swing-Jugend. Gegen die vom NS-Regime geforderte militärische Körpersprache setzte die sogenannte Swing-Jugend ihren eigenen Stil: Jazz- und Swing-Musik, englische Mäntel, Regenschirme, Pfeifen sowie ein lässiges Auftreten. Die Swing-Jugend wurde brutal verfolgt. Links: der Schriftsteller Wolfgang Borchert

28 Die Körpersprache der SA

Der Historiker Gerhard Paul zur politischen Wirkung der Körpersprache der SA:

Wichtigstes optisches Ausdrucksmittel der marschierenden SA-Kolonne war die Körpersprache des SA-Mannes, seine zu einem Körperpanzer verfestigte „stramme Haltung", die seinen Lebens- und Widerstandswillen betonte. Die SA-Kolonne als Körperformation soldatischer Männer knüpfte an das zentrale Massensymbol der deutschen Nation, an das verbotene Heer, an. Durch die „prächtige soldatische Haltung" symbolisierte sie es gleichsam und erschien als Garantin künftiger Befreiung. Das Bild der

2

strammen Haltung war so zugleich optischer Erinnerungsrest an vergangene militärische Größe wie visuelle Utopie des kommenden braunen Reiches. Die energisch-martialischen Gesichtszüge, die leuchtenden Augen und die zum Hitlergruß gestreckten Arme fungierten als optische Ausdrucksmittel von Hoffnung und Zuversicht, von Macht und Standhaftigkeit. Die Bewegungsform des SA-Mannes war das Marschieren, das rituelle – der kultischen Prozession vergleichbare – oder das militärische Schreiten. Bei denen, die nicht a priori von ihm abgestoßen waren, förderte es die Lust, sich dem vitalen, offenbar in eine glücklichere Zukunft schreitenden Zug anzuschließen. Die ornamentale Bewegung der in Reih und Glied ausgerichteten Kolonne symbolisierte dem Betrachter am Straßenrand Ordnung und zielgerichtete Bewegung, mehr als dies Worte zum Ausdruck bringen konnten. Fahnen und Standarten als über den individuellen Körper hinausweisende ästhetisch-politische Symbole repräsentierten das gemeinsam anzustrebende Ziel. Sie waren Feldzeichen des kommenden, gewissen Sieges.

Gerhard Paul: Aufstand der Bilder. Die NS-Propaganda vor 1933. Bonn 1990, S. 136.

29 „Volksgemeinschaft" und „Herrenmenschen"

Der Sozialpsychologe Harald Welzer zu Inklusions- und Exklusionsmechanismen:

So ist es psychologisch kein Wunder, dass die praktische Umsetzung der Theorie von der Herrenmenschenrasse äußerst zustimmungsfähig war. Vor dem Hintergrund dieser in Gesetze und Maßnahmen gegossenen Theorie konnte sich noch jeder sozial deklassierte, ungelernte Arbeiter ideell jedem jüdischen Schriftsteller, Schauspieler oder Geschäftsmann überlegen fühlen, zumal dann, wenn der gesellschaftliche Prozess die faktische soziale und materielle Deklassierung der Juden durchsetzte. Die Aufwertung, die der Volksgenosse auf diese Weise erfuhr, bestand auch im Gefühl einer relativ verringerten sozialen Gefährdung – einem ganz neuen Lebensgefühl in einer exklusiven Volksgemeinschaft, zu der man nach den wissenschaftlichen Gesetzen der Rassenauslese unabänderlich gehörte und zu der die anderen genauso unabänderlich niemals gehören konnten.

Während es den einen zunehmend schlechter ging, fühlten sich die anderen immer besser. Das nationalsozialistische Projekt bot ja nicht nur eine glanzvoll ausgemalte Zukunft, sondern auch ganz handfeste Gegenwartsvorteile wie zum Beispiel exzellente Karrierechancen. Der Nationalsozialismus hatte eine extrem junge Führungselite, und nicht wenige gerade der jüngeren Volksgenossinnen und -genossen konnten große persönliche Hoffnungen mit dem Siegeszug der „arischen Rasse" verbinden. Vor diesem Hintergrund ist die enorme Freisetzung von individueller und kollektiver Energie zu verstehen, die diese Gesellschaft kennzeichnete.

Seine psychosoziale Durchschlagskraft bezog das nationalsozialistische Projekt aus der unmittelbaren Umsetzung seiner ideologischen Postulate in eine greif- und fühlbare Wirklichkeit, und Interviews mit ehemaligen Volksgenossinnen und -genossen legen bis heute Zeugnis ab von der psychosozialen Attraktivität und emotionalen Bindungskraft dieses Ein- und Ausschließungsprozesses. Nicht umsonst besteht bis heute weitgehende Übereinstimmung unter den Zeitgenossen, dass das „Dritte Reich" mindestens bis zum Russlandfeldzug als „schöne Zeit" zu beschreiben sei; bei vielen geht diese Zuordnung auch noch bis weit in den Krieg hinein. Ausgrenzung, Verfolgung und Beraubung der Anderen wurden kategorial nicht als solche erlebt, weil diese Anderen per definitionem gar nicht mehr dazugehörten und ihre antisoziale Behandlung den Binnenbereich der Moralität und Sozialität der Volksgemeinschaft nicht mehr berührte.

Harald Welzer: Die Deutschen und ihr „Drittes Reich". In: Aus Politik und Zeitgeschichte 14–15/2007, S. 25.

30 Der englische Premier zur Lage in Deutschland

David Lloyd George nach seinem Deutschland-Besuch über Adolf Hitler im Daily-Express vom 17. September 1936:

Ich bin eben von einem Besuch in Deutschland zurückgekehrt. Ich habe jetzt den berühmten deutschen Führer gesehen und auch etliches von dem großen Wechsel, den er herbeigeführt hat. Was immer man von seinen Methoden halten mag – es sind bestimmt nicht die eines parlamentarischen Landes –, es besteht kein Zweifel, dass er einen wunderbaren Wandel im Denken des Volkes herbeigeführt hat.

Zum ersten Mal nach dem Krieg herrscht ein allgemeines Gefühl der Sicherheit. Die Menschen sind fröhlicher. Über das ganze Land verbreitet sich die Stimmung allgemeiner Freude. Es ist ein glücklicheres Deutschland. Überall habe ich das gesehen, und Engländer, die ich während meiner Reise traf und die Deutschland gut kannten, waren von dem Wandel tief beeindruckt.

31 KDF-Reisegruppe 1938 im Hafen von Palermo
Die NS-Organisation „Kraft durch Freude" organisierte Urlaubsreisen – für viele ein bis dahin nicht bezahlbarer Luxus. Dem Gedankengut des Volksgenossen wurde auch dadurch entsprochen, dass es keine unterschiedlichen Klassen gab.

Dieses Wunder hat ein Mann vollbracht. Er ist der geborene Menschenführer. Eine magnetische, dynamische Persönlichkeit mit einer ehrlichen Absicht, einem entschlossenen Willen und einem unerschrockenen Herzen. Er ist nicht nur dem Namen nach, sondern tatsächlich der nationale Führer. Er hat sie gegen potentielle Feinde, von denen sie umgeben waren, gesichert. Auch schützt er sie gegen die ständige Gefahr des Hungertodes, eine der schmerzhaften Erinnerungen aus den letzten Kriegs- und den ersten Friedensjahren. [...]

Die Tatsache, dass Hitler sein Land von der Furcht einer Wiederholung jener Zeit der Verzweiflung, der Armut und Demütigung erlöst hat, hat ihm im heutigen Deutschland unumstrittene Autorität verschafft. An seiner Popularität, vor allem unter der deutschen Jugend, besteht keinerlei Zweifel. Die Alten vertrauen ihm; die Jungen vergöttern ihn. Es ist nicht die Bewunderung, die einem Volksführer gezollt wird. Es ist die Verehrung eines Nationalhelden, der sein Land aus völliger Hoffnungslosigkeit und Erniedrigung gerettet hat. [...] Er ist gegen Kritik immun wie ein König in einem monarchistischen Staat. Er ist noch mehr. Er ist der George Washington Deutschlands, der Mann, der seinem Land die Unabhängigkeit von allen Bedrückern gewann.

Die Aufrichtung einer deutschen Hegemonie in Europa, Ziel und Traum des alten Militarismus vor dem Kriege, liegt nicht einmal am Horizont des Nationalsozialismus. Deutschlands Bereitschaft zu einer Invasion in Russland ist nicht größer als die zu einer militärischen Expedition auf den Mond.

Aus: Philipp W. Fabry: Mutmaßungen über Hitler. Urteile von Zeitgenossen. Königstein/Ts. 1979, S. 216.

32 Die nationalsozialistische Finanzierung der Aufrüstung

Die ungezügelte Geldschöpfung, mit der Schacht die Binnenkonjunktur anfachte und die Aufrüstung finanzierte, blieb nur so lange ohne Einfluss auf die Höhe der Marktpreise, als noch unbeschäftigte Produktionsfaktoren, z. B. erwerbslose Arbeiter oder stillgelegte Maschinen in großer Zahl vorhanden waren, die jederzeit zu den bestehenden Lohnsätzen und zu gegebenen Preisen in den Wirtschaftsprozess eingegliedert werden konnten. Bei einem durchschnittlichen Stand der Arbeitslosigkeit von 1,6 Mio. konnte im Jahre 1936 zwar von Vollbeschäftigung noch nicht die Rede sein. Auch hatte sich das Regime nach der Zerschlagung der Gewerkschaften und der damit beseitigten Tarifautonomie der Sozialpartner eine Kontrolle über die Entwicklung der Löhne verschafft. Dennoch waren nicht allein die Einkommen der an der Rüstung gut verdienenden Unternehmer angestiegen. Auch die Kaufkraft der breiten Schicht der Arbeitnehmer war gewachsen, waren doch seit Anfang 1933 über 4 Mio. Menschen, die zuvor nur unzulängliche Unterstützungen oder Wohlfahrtsleistungen erhalten hatten, wieder in die Reihen der Lohn- und Gehaltsempfänger eingegliedert worden.

Während sich also die in den Händen der Unternehmer und der privaten Haushalte verfügbare Geldsumme stark vergrößerte, erhöhte sich das Angebot von Waren und Dienstleistungen für den zivilen Bedarf nicht in entsprechendem Ausmaß. Immer mehr Rohstoffe und Halbzeuge wurden zur Herstellung von Kriegsgerät benötigt und damit der Produktion von Verbrauchsgütern entzogen. Außerdem wurde von den fabrizierten Waren eine stattliche Anzahl hochwertiger Erzeugnisse wie PKW, Motorräder und Fotoapparate ins Ausland verkauft, um Devisen für den Ankauf rüstungswichtiger Rohstoffe zu erwerben. Als Folge entstand eine Lücke zwischen der kaufkräftigen Nachfrage und der Menge der angebotenen Waren, welche einen Preisauftrieb auslöste. [...]

Außerdem verschaffte sich das Regime einen Zugriff auf die überschüssige Kaufkraft der Arbeiter und Angestellten, indem es ihnen die künftige Lieferung begehrter Gebrauchsgüter versprach. Mit dem System des „Volkswagen-Sparens“ schuf es sich eine Einrichtung, welche auch den einfachen Volksgenossen veranlasste, Teile seines Lohnes oder Gehaltes freudig für die Rüstung herzugeben. Wer bereit war, ein Jahr lang wöchentlich 5 RM anzusparen, sollte den Volkswagen zum Preis von 990 RM erhalten. Da der Besitz eines Autos nun auch für den Arbeiter in greifbare Nähe zu rücken schien, lohnte es sich, höhere Akkordleistungen anzustreben und Überstunden abzuleisten. Ende März 1939 hatten 170 000 VW-Sparer dem Staat bereits 110 Mio. RM an Spargeldern anvertraut. Keiner von ihnen sollte den versprochenen Wagen erhalten. Als das VW-Werk die Produktion aufnahm, stellte es Kübel- und Schwimmwagen für die Wehrmacht sowie Bauteile für die Flugzeugfertigung her.

Fritz Blaich: Wirtschaft und Rüstung im „Dritten Reich“. Düsseldorf 1987, S. 22 f. und 25.

33 Arisierung

Harald Welzer zu „Volksgemeinschaft“ und „Arisierung“:

Ein besonders betrübliches Kapitel in diesem Zusammenhang bilden die sogenannten Arisierungen jüdischer Geschäfte und Unternehmen sowie die öffentlichen Versteigerungen von Wert- und Einrichtungsgegenständen aus jüdischem Besitz. Während insgesamt etwa 100 000 Betriebe im Zuge der „Arisierung“ ihre Besitzer wechselten, lässt sich die Beteiligung an den Versteigerungen kaum noch quantifizieren, aber anhand von Beispielen wenigstens dimensionieren. In Hamburg etwa wurden 1941 die Ladungen von 2 699 Güterwagen und 45 Schiffen mit „Judengut“ versteigert; 100 000 Hamburger ersteigerten Möbel, Kleidungsstücke, Radios und Lampen, die aus etwa 30 000 jüdischen Familien stammten. Hinzu kamen der vieltausendfache Besitzerwechsel von Immobilien, Autos und Kunstgegenständen. Gelegentlich wurden die Behörden mit der Bitte nach besonders begehrten Gütern bedrängt, noch bevor ihre rechtmäßigen Besitzer abtransportiert worden waren, und es werden Fälle geschildert, wo bei noch nicht deportierten Juden geklingelt wurde, damit man schon in Augenschein nehmen konnte, was man auf der bereits angesetzten Versteigerung erwerben könne.

Auch hier fallen Wissen und soziale Praxis in eins, und es wird ein Handlungszusammenhang sichtbar, in dem das veränderte Normengefüge nicht von oben nach unten durchgesetzt wird, sondern in dem auf praktische und sich verschärfende Weise das Verhältnis zwischen den Menschen entsolidarisiert wird und eine neue soziale „Normalität“ etabliert wird. In dieser Normalität mag es zwar ein Durchschnittsvolksgenosse noch 1941 für undenkbar halten, dass Juden umstandslos getötet werden, aber nichts Bemerkenswertes darin sehen, dass Ortsschilder verkünden, der entsprechende Ort sei „judenfrei“, dass Parkbänke nicht von Juden benutzt werden dürfen und auch nicht mehr darin, dass die jüdischen Bürger entrechtet und beraubt werden.

Harald Welzer: Die Deutschen und ihr „Drittes Reich“. In: Aus Politik und Zeitgeschichte 14–15/2007, S. 25 f.

34 „Wegen Arisierung geschlossen“. Viele Deutsche profitierten vom Raub und den Enteignungen, die die Juden zu erleiden hatten: Besitz wurde versteigert, Läden wurden an deutsche Besitzer gegeben, die offen damit warben, dass ihr Geschäft nun „arisch“ sei (Foto 1938).

35 Zur volkswirtschaftlichen Lage 1937

„Grundsätzliche Ausführungen“ Hjalmar Schachts an den Beauftragten für den Vierjahresplan, Hermann Göring, vom 5. August 1937:

Ernährungslage:

Eine Erschwerung der Währungs- und Rohstoffpolitik ist eingetreten vom landwirtschaftlichen Sektor her. Entgegen den immer wiederholten öffentlichen Behauptungen der zuständigen Regierungsstellen wird die Ernährungsversorgung des deutschen Volkes dauernd unbefriedigender. Die Ernte ist in den Jahren 1933–1936 ständig zurückgegangen. Kartoffeln auf Getreidewert umgerechnet, waren die Ernteerträge im Jahresdurchschnitt 1931/33 rund 34.7 Millionen to und im Durchschnitt der Jahre 1934/36 nur 32.8 Millionen to. Die dreijährigen Durchschnittsziffern lassen bereits erkennen, dass es sich hier nicht lediglich um ungünstige Witterungsverhältnisse handelt. Vielmehr hat die agrarische Markt- und Erzeugungspolitik versagt. Auch hat die landwirtschaftliche Nutzfläche infolge der mannigfachen anderweitigen Bodenverwendung für Wehrmacht, Fabrikanlagen, Sport, Straßenbau und dergleichen in dem Zeitraum 1933–1936 um 2,1 % abgenommen, die Anbaufläche für Getreide sogar um 4,1 %. Die Bemühungen des Reichsnährstandes um eine Verringerung der Auslandsabhängigkeit haben also keinen Erfolg gebracht; diese steigt vielmehr noch durch das Anwachsen der Bevölkerung und durch die Zunahme des Konsums. Die Ernteschätzung an Brot- und Futtergetreide für das laufende Jahr liegt wiederum rund 800 000 to niedriger gegenüber dem Vorjahr. Die Devisenansprüche für Ernährungszwecke sind deshalb trotz aller Erzeugungsschlachten nicht geringer geworden, sondern gestiegen. Besonders bedauerlich ist, dass der Ernährungssektor immer wieder Fehlschätzungen zum Opfer gefallen ist, die nicht nur die Devisendisposition schwer beeinträchtigt haben, sondern auch durch den plötzlichen Einfuhrbedarf an gewissen Lebensmitteln handelspolitischen Verhandlungschancen zerstörten. […]

Exportsteigerung:

Ich habe indessen immer und immer wieder auf die Notwendigkeit eines gesteigerten Exportes hingewiesen und hingewirkt. Gerade die Notwendigkeit, unsere Rüstung möglichst schnell auf eine gewisse Höhe zu bringen, musste den Gedanken eines möglichst großen Devisenanfalls und damit einer möglichst großen Rohstoffsicherung durch Export in den Vordergrund rücken. Dagegen musste die übermäßige Inanspruchnahme unserer Industrie für inländische Aufträge naturgemäß der Exportwilligkeit Abbruch tun. Ich habe mich immer und immer wieder für die Exportsteigerung der Industrie und gegen die übertriebene Inanspruchnahme dieser Industrie seitens der staatlichen Auftraggeber eingesetzt, ohne bei Ihrem Stab immer die erforderliche Unterstützung gefunden zu haben, wenn ich auch gern anerkenne, dass Sie selbst wiederholt Gelegenheit genommen haben, meinen Standpunkt zu unterstützen. In welchem Umfange es dem Wirtschaftsministerium gelungen ist, den Export und damit die Rohstoffeinfuhr zu steigern, habe ich oben dargelegt. Die Aussichten für eine weitere Exportsteigerung sind nicht ungünstig. Die übermäßige Inanspruchnahme aber von Rohstoffen sowohl wie von Arbeitskräften für öffentliche Bauten, Aufrüstung und Vierjahresplan droht trotz der günstigen Chancen einen Rückgang in unserem Export herbeizuführen, der sich schon hier und da ankündigt. Ich möchte nun ganz klar herausstellen, dass, wenn die Devisen, die uns aus dem Export anfallen, geringer werden, dann selbstverständlich auch die Zufuhr der Rohstoffe nachlassen muss und weitere Lücken in der Versorgung nicht nur der Bautätigkeit und der Aufrüstung, sondern selbstverständlich auch des Vierjahresplanes eintreten müssen. […]

Die Investierung von Rohmaterial und Arbeitskraft in neue Unternehmungen des von Ihnen geplanten Ausmaßes muss eine weitere Beschränkung der Rohstoffzuteilung an solche Betriebe herbeiführen, die für den Export und für den Konsum der Bevölkerung arbeiten. Die Knappheit einer ganzen Reihe von Konsumartikeln ist heute schon im täglichen Leben spürbar. Sie kann nicht dadurch beseitigt werden, dass die Geld- und Kreditmenge vergrößert wird. Wenn einer verringerten Konsumgüterproduktion eine größere Geld- und Kreditmenge gegenübertritt, so ist die Preiserhöhung der Konsumartikel und die Entwertung des Geldes die unausbleibliche Folge, die schließlich zur Inflation führen muss. […]

Der Prozess gegen die Hauptkriegsverbrecher vor dem Internationalen Militärgerichtshof, Nürnberg 14. Nov. 1945–1. Okt. 1946. Nürnberg 1949, Bd. 26, S. 567–578.

36 Die Lage auf dem Arbeitsmarkt

Aus den Sozialberichten der „Reichstreuhänder der Arbeit" (1938):

Streng vertraulich

[...] Das Missverhältnis zwischen Arbeitskräften und Aufträgen hat ganz allgemein zu erheblichen Verlängerungen der Arbeitszeit geführt, die durch eine elastische Handhabung der Arbeitszeitordnung ermöglicht wurden. Wöchentliche Arbeitszeiten von 58–65 Stunden sind kaum noch Ausnahmeerscheinungen. Dabei wird von den Betrieben teils auch dann Mehrarbeit durchgehalten, wenn etwa saisonbedingt ein Rückgang der Aufträge festzustellen ist, da sie andernfalls eine Abwanderung von Arbeitskräften befürchten. [...] Durch die gespannte Lage auf dem Gebiet des Arbeitseinsatzes und die damit verbundene Verlängerung der Arbeitszeit in fast allen Gewerbezweigen sind gewisse Reaktionen unvermeidbar gewesen. Die Krankheitsziffer ist erheblich gestiegen. [...] In einer Verkaufsstelle in Münster i.W. haben z.B. an einem Sonnabend von etwa 60 weiblichen Gefolgschaftsmitgliedern 20 gefehlt, die sämtlich ein Attest über „nervöse Überreizung" beigebracht haben. Gelegentlich wird übrigens auch der Krankheitsfall als Mittel dazu benutzt, um abzuwandern. [...] Eine weitere Reaktionserscheinung infolge dauernder Mehrarbeit ist auch die von mehreren Reichstreuhändern berichtete Neigung von Gefolgschaftsmitgliedern, nicht mehr als 48 Stunden in der Woche zu arbeiten. Kann man diesem Wunsch nicht nachkommen, so ist ein Leistungsrückgang die Folge. Hierher gehört auch das gelegentlich festzustellende willkürliche Fernbleiben vom Arbeitsplatz.

Zit. nach: Timothy W. Mason: Arbeiterklasse und Volksgemeinschaft. Dokumente und Materialien zur deutschen Arbeiterpolitik 1936–1939. Opladen 1975, Dok. Nr. 147.

37 Kritik der Reichsbank an der Rüstungs- und Finanzpolitik des Regimes (1939)

Auf dem Gebiete der Investitionsgüter, zu denen auch die Rüstung gezählt werden muss, rühren die Preissteigerungen her von dem Übermaß der Aufträge und dem Druck auf schnelle Fertigstellung. Diese Anforderungen haben es mit sich gebracht, dass bei den bestellenden Behörden sowohl wie bei den ausführenden Firmen jede Planung versagt hat. Die Auftraggeber zwingen die Firmen, sich gegenseitig Material und Arbeitskräfte abzujagen, was bei dem Mangel sowohl an Material wie an Arbeitskräften die stärkste Preis- und Lohntreiberei herbeigeführt hat. Auf dem Gebiete der Konsumgüter ist es der Mangel an ausreichenden Warenmengen und Qualitäten, der zu Preissteigerungen geführt hat. Gerade in den täglichen Gebrauchsgütern des Haushaltes und der Kleidung ist der Warenmangel und vor allem die Qualitätsverschlechterung belastend spürbar. Kinderwäsche, Arbeiteranzüge etc., die früher Jahre hielten, halten nur noch Monate, kosten aber das gleiche oder gar mehr als früher die gute Ware. Dazu kommt, dass der gut bezahlte Arbeiter den weniger glücklichen Arbeitskameraden die Ware wegkauft, was namentlich auf dem Gebiete der Nahrungsmittel viel böses Blut macht.

In entscheidendem Maße aber wird die Währung von der hemmungslosen Ausgabenwirtschaft der öffentlichen Hand bedroht. Das unbegrenzte Anschwellen der Staatsausgaben sprengt jeden Versuch eines geordneten Etats, bringt trotz ungeheurer Anspannung der Steuerschraube die Staatsfinanzen an den Rand des Zusammenbruchs und zerrüttet von hier aus die Notenbank und die Währung. Es gibt kein noch so geniales und ausgeklügeltes Rezept oder System der Finanz- und Geldtechnik, keine Organisation und keine Kontrollmaßnahmen, die wirksam genug wären, die verheerenden Wirkungen einer uferlosen Ausgabenwirtschaft auf die Währung hintanzuhalten. Keine Notenbank ist imstande, die Währung aufrechtzuerhalten gegen eine inflationistische Ausgabenpolitik des Staates. [...] War während der beiden großen außenpolitischen Aktionen in der Ostmark und im Sudetenland eine Steigerung der öffentlichen Ausgaben zwangsläufig, so macht die Tatsache, dass nach Beendigung der außenpolitischen Aktionen eine Beschränkung der Ausgabenpolitik nicht zu erkennen ist, vielmehr alles darauf hindeutet, dass eine weitere Aufgabensteigerung geplant ist, es nunmehr zur gebieterischen Pflicht, auf die Folgen für die Währung hinzuweisen.

Es ist nicht unseres Amtes nachzuweisen, wieweit eine hemmungslose Ausgabenpolitik mit den Erträgnissen und Ersparnissen der deutschen Wirtschaft oder mit den sozialen Erfordernissen der Bevölkerung vereinbar ist. Unsere Verantwortung aber erfordert es, darauf hinzuweisen, dass eine weitere Beanspruchung der Reichsbank sei es direkt, sei es durch anderweitige Beschlagnahme des Geldmarktes, währungspolitisch nicht zu verantworten ist, sondern geradenwegs zur Inflation führen muss. Das unterzeichnete Reichsbankdirektorium ist sich bewusst, dass es in seiner Mitarbeit für die großen gesteckten Ziele freudig alles eingesetzt hat, dass aber nunmehr Einhalt geboten ist. Eine Vermehrung der Gütererzeugung ist nicht durch eine Vermehrung von Geldzetteln möglich.

Der Prozess gegen die Hauptkriegsverbrecher vor dem Internationalen Militärgerichtshof, Bd. 36, Nürnberg 14. Nov. 1945–1. Okt. 1946. Nürnberg 1949, S. 366ff.

38 Die Entwicklung der Rüstungsausgaben 1932–1938

Rüstungsausgaben und Volkseinkommen 1932–1938 in Mrd. RM

Haushaltsjahr	Rüstungsausgaben	Volkseinkommen	Rüstungsausgaben in % des Volkseinkommens
1932	0,6	45,2	1,3
1933	0,7	46,5	1,5
1934	4,1	52,8	7,8
1935	5,5	59,1	9,3
1936	10,3	65,8	15,7
1937	11,0	73,8	15,0
1938	17,2	82,1	21,0

Die außergewöhnliche Steigerung der Rüstungsausgaben von 1937 auf 1938 ist allerdings auch darauf zurückzuführen, dass viele Aufträge, die in den vorangegangenen Jahren vergeben worden sind, erst 1938 fertig gestellt werden können, weil die Produktionskapazität der Rüstungsindustrie in den Anfangsjahren der NS-Herrschaft noch relativ begrenzt ist.

Zit. nach: Fritz Blaich: Wirtschaft und Rüstung im „Dritten Reich". Düsseldorf 1987, S. 83.

39 **Hanau 1942: Jüdisches Vermögen wird auf offener Straße versteigert.**

40 Der Nationalsozialismus – Utopie für einfache Deutsche

Zum Buch des Historikers Götz Aly „Rasse und Klasse“ hieß es in der FAZ:

Miniaturen des Grauens. Götz Aly auf den Spuren von Henrik Ibsen: Ordnungsmenschen erster Rasse und Klasse sehen uns an/Von Stefan Breuer

Immer wieder hakt sich Aly an Geschichten fest, die die Verwurzelung der Gegenwart im Abgründigen belegen und die Distanzierungsmechanismen untergraben, mit denen ein selbstgerechter Antifaschismus sich auf die sichere Seite zu bringen pflegt. Ob es um den Jenenser Kinderarzt geht, dessen Beteiligung am Euthanasieprogramm von der Stasi zugedeckt wurde, um einen Nationalpreisträger der DDR nicht zu beschädigen; ob um den Rügener Großgrundbesitzer, dessen Enteignung vom Bundesverwaltungsgericht für Rechtens erklärt wurde, obwohl es sich um ein Opfer des NS-Regimes handelte; ob um die Planer des Völkermordes, die später eine Banker-Karriere machten, oder um die Hunderttausende von Schnäppchenjägern, die aus der Arisierung ihren Vorteil zogen – stets sind es nicht irgendwelche Monster oder Dämonen, die hier agieren, sondern höchst gewöhnliche Durchschnittsexistenzen, Typen vom Schlage jenes rechtschaffenen Schaffners, von dem Ernst Jünger träumte, er könne einem ebensogut ein Loch in den Kopf knipsen wie in die Fahrkarte.

[...] Das Buch besteht indes nicht nur aus solchen Miniaturen des Grauens. Im letzten Text, „Hitlers Volksstaat“ überschrieben, unternimmt Aly den Versuch, das Geschehen zwischen 1933 und 1945 in einen größeren Zusammenhang einzubetten. Der Nationalsozialismus, so seine These, sei in Deutschland bis zuletzt immer wieder mehrheitsfähig gewesen, weil er in die erstarrte und verkrustete Gesellschaft eine spezifische Form von Modernität hineinbrachte – Modernität auf technischem und organisatorischem Gebiet, Modernität aber auch und vor allem im Sinne einer „massenhaften sozialen Aufwärtsmobilisierung“, die sich als „konkrete Utopie für einfache Deutsche“ darbot. Daß dieser soziale Aufstieg über die Leichen der Juden erfolgte, erwies sich dabei zu keinem Zeitpunkt als Hinderungsgrund, nicht in den Vorkriegsjahren, als nur erst die deutschen Juden entrechtet und ausgeplündert wurden, und auch nicht im Krieg, als dieser Kreis auf die Juden der besetzten Länder ausgedehnt wurde.

Unter dem Nationalsozialismus wurde Deutschland eine gigantische Zugewinngemeinschaft – und zwar nicht bloß, wie Aly eindringlich vor Augen führt, in seinen Spitzen, sondern in seiner ganzen Breite, quer durch alle Schichten hindurch. Anhand der Steuerpolitik vermag Aly zu belegen, daß die unteren und mittleren Einkommen bis Kriegsende von jeder direkten Kriegssteuer verschont blieben und auch die indirekten Steuern höchst moderat ausfielen, sehr im Gegensatz zum Ersten Weltkrieg. Finanziert wurde der Krieg zum einen durch eine relativ höhere Besteuerung der oberen Einkommensgruppen – vier Fünftel des Steueraufkommens wurden von rund dreizehn Prozent der Steuerzahler aufgebracht – und durch Umlagen auf die eroberten Staaten, die sich ihrerseits an ihren Juden schadlos hielten – eine Tatsache, die Aly zu dem Fazit verdichtet, Hitler-Deutschland sei im Krieg zum „Umverteilungsstaat par excellence“ geworden. Der bekannte Satz Max Horkheimers, daß, wer vom Kapitalismus nicht reden wolle, vom Faschismus schweigen sollte, erscheint von daher gesehen revisionsbedürftig. Die von Aly angebotene Fassung lautet: „Wer von den vielen Vorteilen für die Millionen einfacher Deutscher nicht reden will, der sollte vom Nationalsozialismus und vom Holocaust schweigen.“

Vor diesem Satz gibt es kein Ausweichen. Er ist richtig. Folgt daraus aber, was Aly gleich im Anschluß hinzufügt: daß der Nationalsozialismus, einschließlich seiner ungeheuerlichen Verbrechen, „im größeren Zusammenhang der egalitären Bewegungen und Utopien im zwanzigsten Jahrhundert“ steht, daß die Ermordung der europäischen Juden als Teil einer Politik zu begreifen ist, „die ihre Kraft aus der Gleichheitsidee bezog“? Das ist abwegig. Dem Nationalsozialismus, der Teil der politischen Rechten war, galten die Französische Revolution und damit auch das Gleichheitsprinzip als Chiffren für alles, was man haßte und verachtete. Sowohl die Nationalisten als auch die Rassendoktrinäre in der Partei ließen niemals einen Zweifel daran, daß ihre primäre Präferenz dem galt, was die Menschen ungleich macht.

Allerdings, darin liegt das Wahrheitsmoment von Alys These, gab es im Nationalsozialismus Strömungen, die bereit waren, unter der genannten Prämisse ein erhebliches Maß an Egalitarismus nicht nur zuzulassen, sondern zu fördern, sei es in der Steuer-, der Familien- oder der Sozialpolitik. Der Kampf um die Vorherrschaft in Europa und in der Welt – also der Kampf für eine Ordnung der Ungleichheit –, das wußten diese Kreise genau, war nur zu gewinnen mittels einer im Gegensatz zum Ersten Weltkrieg nun wirklich totalen Mobilmachung; totale Mobilmachung aber verlangte ein Maß von Einsatz- und Opferbereitschaft, wie es niemals mit bloßen Zwangsmitteln zu bewirken war. Das Füllhorn von materiellen und ideellen Gratifikationen, wie es über den arischen Volksgenossen und -genossinnen ausgeschüttet wurde, war deshalb Mittel zum Zweck, und dieser Zweck war keineswegs die Erreichung größerer Gleichheit, sondern größerer Ungleichheit zwischen den Großkollektiven, sei es der Nation oder der Rasse. Man kann von Aly viel lernen, aber in diesem Punkt überzieht er seine Sache.

Stefan Breuer. In: Fankfurter Allgemeine Zeitung, 18.03.2003 (in alter Rechtschreibung).

41 Verbrechen zum Wohle des Volkes

Nach „Rasse und Klasse" hat der Historiker Götz Aly 2005 in dem Buch „Hitlers Volksstaat, Raub, Rassenkrieg und nationaler Sozialismus" eine Verbindung zwischen den Verbrechen und Unmenschlichkeiten des NS-Regimes und den sozialen und politischen Neuerungen gezogen, die den Nationalsozialismus für viele Deutsche sehr attraktiv gemacht haben.

Gigantische Zeiten

In dem vorliegenden Buch (i.e. „Hitlers Volksstaat") soll die Symbiose von Volksstaat und Verbrechen sichtbar gemacht werden. Dafür gilt es, den immer noch verbreiteten historiographischen Ansatz zu überwinden, der die so offensichtlich grausame Seite des Nationalsozialismus von denjenigen politischen Aktionen isoliert, die dasselbe Regime für die Mehrheit der Deutschen so attraktiv machte. Im Zentrum steht die Absicht, die Verbrechen historisch angemessen in die deutsche Geschichte des 20. Jahrhunderts ein zuordnen. Die Genesis des Holocaust erschließt sich eben nicht allein aus den Schriftstücken, die das Rubrum „Judenfrage" auf dem Aktendeckel tragen. [...]

Die NSDAP stützte sich auf die Lehre von der Ungleichheit der Rassen und versprach den Deutschen im selben Atemzug mehr Chancengleichheit, als es sie während des Kaiserreiches und noch während der Republik in Deutschland gegeben hatte. In der Praxis geschah das auf Kosten anderer, mit den Mitteln des Raub- und Rassenkrieges. Aus der Innenschau schien sich im Rassenkampf das Ende des Klassenkampfs anzudeuten. So gesehen, propagierte die NSDAP eine der sozial- und nationalrevolutionären Utopien des vergangenen Jahrhunderts. Das machte sie populär. Daraus bezog sie ihre verbrecherischen Energien. Hitler sprach vom „Aufbau des sozialen Volksstaates", eines „Sozialstaats", der vorbildlich sein werde und in dem „alle (sozialen) Schranken immer mehr einzureißen" seien.

Götz Aly: Hitlers Volkssaat, Raub, Rassenkrieg und nationaler Sozialismus. Frankfurt 2005, S. 11.

42 Propagandaplakat der „Treuhandstelle Prag" 1942: Geraubte Bücher aus Tschechien werden in deutsche Bibliotheken gebracht.

43 Nationalsozialismus: Wohlfühldiktatur der Volksgenossen?

Der englische Historiker J. Adam Tooze zur Kriegsfinanzierung und „Wohlfühldiktatur":

„Wer von den Vorteilen für die Millionen einfacher Deutscher nicht reden will, der sollte vom Nationalsozialismus und vom Holocaust schweigen." So lautet der letzte Satz in Götz Alys neuem Buch, „Hitlers Volksstaat". Es ist eine polemische Zuspitzung des berühmten Satzes von Max Horkheimer: „Wer aber vom Kapitalismus nicht reden will, sollte auch vom Faschismus schweigen." Nicht der Kapitalismus also, sondern eine spezifische Ausprägung des europäischen Wohlfahrtsstaates ist der Hintergrund für die Morde und Ausbeutung des Nationalsozialismus.

Den Holocaust als Raubmord zu denken, daran hat man sich in den letzten Jahren gewöhnt. Die Gerichte und die Historiker neigten dazu, diesen Prozess vor allem als einen Akt privatwirtschaftlicher Bereicherung zu verstehen. Eine falsche Einschätzung, wie Aly überzeugend zeigt. Der Hauptzweck des Massenraubes war die Entlastung der Staatskasse. Das ist zwar keine neue Erkenntnis, denn die „Sühneleistung" von einer Milliarde Reichsmark, die der jüdischen Gemeinde in der Folge der Kristallnacht auferlegt wurde, steht zu offensichtlich im Zusammenhang mit der gut vertuschten Finanzkrise des Reiches im Herbst 1938. Und auch die Plünderung der Juden durch die Reichsfluchtsteuer ist lange bekannt.

Aber Aly belegt zudem, dass die staatliche Ausbeutung jüdischen Vermögens weit über solche Steuermaßnahmen hinausging. Selbst die „privaten" Arisierungen mutierten letztlich zu einem Akt staatlicher Aneignung. Erst wurde das Vermögen der Juden registriert, dann verkauft. Die deutschen Käufer profitierten von den Schleuderpreisen.

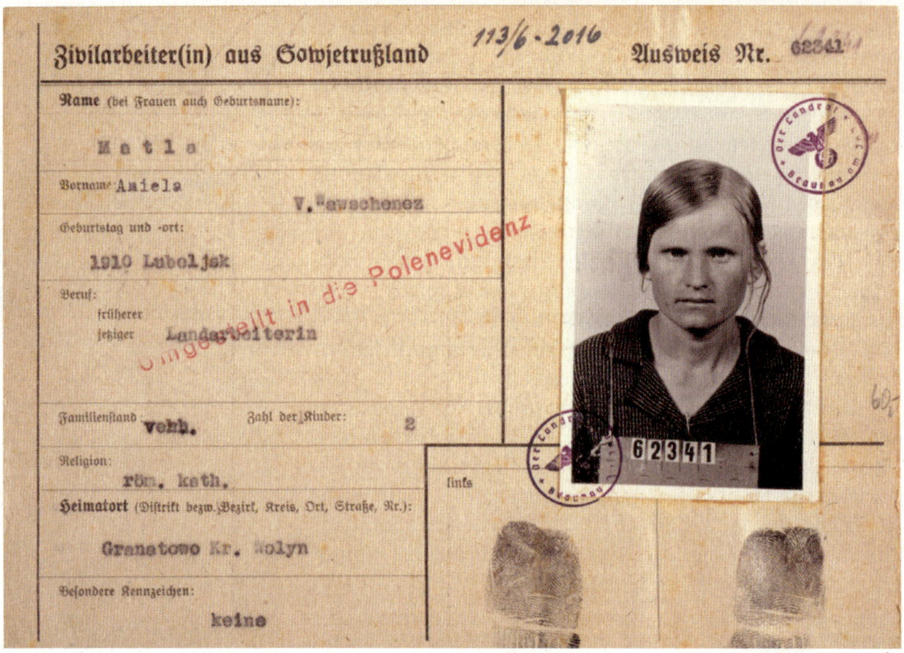

Zivilarbeiter(in) aus Sowjetrußland 113/6-2016 Ausweis Nr. 62341

Name (bei Frauen auch Geburtsname): Matla

Vorname: Aniela

Geburtstag und -ort: 1910 Luboljsk

Beruf: früherer / jetziger Landarbeiterin

Umgestellt in die Polenevidenz

Familienstand: verh. Zahl der Kinder: 2

Religion: röm. kath.

Heimatort (Distrikt bezw. Bezirk, Kreis, Ort, Straße, Nr.): Granatowo Kr. Wolyn

Besondere Kennzeichen: keine

links

62341

44 **Ausweis einer Zwangsarbeiterin** aus der UdSSR. Neben Beutekunst und enteigneten Vermögenswerten war es die Arbeitskraft von Zwangsarbeitern und auch KZ-Häftlingen, mit denen die deutsche Wirtschaft arbeitete.

Die kritische Frage ist: Was geschah mit den Milliarden Reichsmark, die jüdische Verkäufer einnahmen? Das Geld wurde zwangsweise in Staatsanleihen investiert. Das gesamte Vermögen der Juden kam, so Aly, am Ende dem Staat und der Rüstung zugute.
Nach 1940 machte dieses Modell überall im besetztem Europa Schule – in der Slowakei, in Frankreich, den Niederlanden, in Belgien, Griechenland, Rumänien und Bulgarien, selbst in Norwegen. Jüdischer Besitz wurde nicht einfach enteignet, sondern registriert und zwangsverkauft. Die ausgerissenen Zahnplomben, die Golduhren, der Familienschmuck wurden nicht in geheimen Schatzkammern gehortet oder in Seen versenkt. Sie wurden zumeist an Ort und Stelle verkauft. Das eingenommene Geld wurde, nominell noch im Namen der Juden, dann an den Staat geliehen und gelangte mehr oder weniger direkt in die Kassen der Wehrmacht. Selbst die letzten, berüchtigten Deportationen von griechischen Inseln im Herbst 1944, als der Krieg im Mittelmeer praktisch zu Ende war, finden hier mehr als nur eine ideologische Motivation. Mit dem Vermögen der Juden von Rhodos bezahlte die deutsche Garnison ein paar Monate ihre Rechnungen.
Die Brisanz von Alys neuem Buch liegt aber nicht in der Nachzeichnung dieser verwickelten Transaktionen. Die Großthese seines Buches zielt auf deren eigentliche Nutznießer: auf die deutschen Steuerzahler. Schon vor dem Krieg wurden in Hitler-Deutschland die Steuern nur sehr selektiv erhöht. So bestritt die Regierung zusätzliche Ausgaben für die Rüstung vor allem aus den Einkünften, die mit der Körperschaftsteuer und den Abgaben der besser Verdienenden erzielt wurden. Drakonische Kriegssteuern gab es auch nach 1939 nicht.
Folgt man Aly, wurde der Krieg vor allem mit den immensen Kriegsbeiträgen der besetzten Länder und durch die Liquidierung jüdischen Vermögens bezahlt. Das ist für Aly der Kern der NS-Herrschaft. Hitlers Regime sei eine „Gefälligkeitsdiktatur“ gewesen: Die Menschen in den eroberten Staaten und die Juden wurden ausgebeutet, damit die Mehrheit der deutschen Bevölkerung nicht belastet werden musste. So sollte die Loyalität der Massen gesichert werden. Nicht Ideologie, sondern eine recht simple Form der Bestechung erklärt also, dass die Deutschen Hitler bis in den Untergang folgten. Keine Rede ist von nationalsozialistischer Überzeugung oder von Führerkult und auch nicht von der Gestapo oder den 30.000 an Volksgenossen vollstreckten Todesurteilen.
Alys Großthese ist höchst provozierend, und sie bringt den Autor in schwere Beweisnöte. Denn seine penible Rekonstruktion der finanziellen Mechanismen ist zwar faszinierend, aber sie reicht nicht aus, um seine These zu stützen. [...]
Da es an überzeugenden Belegen für Alys These mangelt, kommt es auf die Endrechnung an. Wenn Aly belegen kann, dass die Finanzspritze von außen eine wirklich massive Umverteilung der Kriegskosten ermöglicht hat, dann gewinnt seine These dramatisch an Überzeugungskraft. Nun haben sich mindestens drei Generationen von Volkswirten und Wirtschaftshistorikern mit diesem Thema beschäftigt. Aber Aly rechnet auf seine Weise. Auf der einen Seite akkumuliert er eine riesige Summe: die Besatzungskosten, die Handelsschulden Deutschlands, die Summen, die man von den Juden vereinnahmte, die Lohnsteuer, bezahlt durch die Fremdarbeiter. Alles zusammen 170 Milliarden Mark.
Dagegen setzt er den bescheidenen Betrag, der von den Deutschen selbst in der Form von zusätzlichen Kriegssteuern erhoben wurde – höchstens 84 Milliarden Mark. Fazit: 70 Prozent „der Gelder, die der Krieg auf deutscher Seite täglich verschlang“, wurden vom Ausland und durch den Raubmord an den Juden finanziert. Gewöhnliche deutsche „Klein- und Durchschnittsverdiener“ haben höchstens 10 Prozent der laufenden Kriegskosten des Reiches bezahlt. Eine beeindruckende Rechnung – wenn sie stimmen würde.
Nur: Sie stimmt nicht. Die Verhältnisse waren genau umgekehrt. Mehr als drei Viertel der Ressourcen für Hitlers Krieg wurden von der deutschen Volkswirtschaft, von den Deutschen selbst aufgebracht. Der Außenbeitrag war von großer Bedeutung, lag aber höchstens bei einem Viertel. Nicht 70 Prozent also, sondern nur 25 Prozent.
Aly verrechnet sich so grob, weil er unsymmetrisch vorgeht. Auf der deutschen Seite betrachtet er nur Steuern als Kriegsbeitrag. Bei den Fremdbeiträgen rechnet er alle Einnahmen zusammen, wie immer sie auch finanziert wurden. Ihm ist egal, ob nun zum Beispiel die französische

Regierung das Geld für die Deutschen durch Steuern heranschaffte oder über Anleihen oder ob sie einfach Geld gedruckt hat. Genauso hätte Aly auch den deutschen Beitrag berechnen sollen. In Bezug auf die Opfer der deutschen Besatzung und Ausbeutung weiß er schließlich sehr wohl, dass Vermögen, die in Reichsanleihen gesteckt wurden, verloren waren. Die Kriegsinflation hat nicht nur die Zwangsanleihen der jüdischen Bevölkerung ausgelöscht, sondern auch die Sparkasseneinlagen „deutscher Normalverdiener". Es gibt keine moralische Gleichwertigkeit, aber in wirtschaftlicher Hinsicht müssen beide Beiträge zu den laufenden Kriegskosten des Reiches gerechnet werden.

Die Milliardenbeträge, die aus deutschen Sparkassen, Banken und Versicherungen über die so genannte geräuschlose Finanzierung in die Reichskassen geschleust wurden, waren die Hauptstütze der Kriegsfinanzierung, nicht die Steuereinkünfte und auch nicht die Besatzungskosten. Diese unfreiwillig angelegten Beträge waren der geldmäßige Ausdruck der reellen wirtschaftlichen Kosten des Krieges: Die Menschen konnten mit ihrem Geld weder konsumieren noch es investieren.

Auch wenn Hitlers Regime die Volksgenossen lieber nicht besteuerte – die Menschen, die Rohstoffe, die Kapazitäten der Industrie hat es trotzdem mobilisiert. Und das wird auch von den Ergebnissen der vergleichenden Forschung bestätigt, die Aly weitgehend ignoriert.

Es ist natürlich alles eine Frage des Maßstabes. So übertrifft die ungeheure Mobilisierungsleistung der stalinistischen Diktatur die aller westlichen Staaten bei weitem. Aber Alys Vergleichsmaßstab ist nicht die Sowjetunion, sondern das England von Churchill, das mythische, demokratische England – ein „Regime" also, das sich laut Aly siegesgewiss auf einen wahren Konsens seiner Bevölkerung stützen konnte.

Ein genauer Vergleich der beiden Kriegswirtschaften offenbart allerdings: Bis zur Kriegswende 1941 deckten die Steuern in Hitlers Gefälligkeitsdiktatur einen größeren Teil der staatlichen Ausgaben als in England. Und selbst 1944 zahlten die Deutschen pro Kopf im Verhältnis zu ihrem Einkommen mehr Steuern als die Briten.

Wenn man nicht nur auf die Finanzierung, sondern auf die Mobilisierung der tatsächlichen Produktion schaut, wird Alys These sogar vollkommen haltlos. Nach der maßgeblichen Nationalproduktrechnung von Mark Harrison, dem führenden Vertreter der neueren Forschung zur Kriegswirtschaft, hat Hitlers Regime in jedem Jahr des Krieges der deutschen Bevölkerung mehr abverlangt als der alte Imperialist Churchill den Briten mit seiner Schweiß-und-Tränen-Politik.

Die Kriegsgesellschaft des nationalsozialistischen Deutschland als Gefälligkeitsdiktatur zu beschreiben, geht an der Realität völlig vorbei. Selbst in den besten Zeiten war Hitlers Krieg ein riesiges Wagnis, für das Hitlers Regime alle zur Verfügung stehenden Mittel mobilisierte. Nach 1942 war es ein blutiger Opfergang, der in der Geschichte seinesgleichen sucht. […]

J. Adam Tooze: Einfach verkalkuliert. Rezension von Götz Alys „Hitlers Volksstaat. Raub. Rassenkrieg und nationaler Sozialismus". In: taz Magazin, 12.03.2005.

45 „Freiwillige Versteigerungen" brachten Juden um ihr Gut

„Finanzminister Karl Starzacher (Hessen) schickt Beamte in die Keller/Vier plötzlich aufgetauchte Leitzordner belegen, wie jüdische Deportierte in der Nazizeit ausgeplündert wurden."

53 Jahre nach Kriegsende hat der hessische Finanzminister Karl Starzacher auf der Suche nach unbequemen Akten seine Beamten in die Keller geschickt: Es geht um Belege für das Ausplündern der jüdischen Bewohner durch die Finanzämter. Belege auch dafür, wie die nichtjüdischen Deutschen die Habe der von den Nazis deportierten Nachbarn nutzten, um den eigenen Hausstand aufzumöbeln. Vier Leitz-Ordner, die „sehr detaillierte Aufzeichnungen enthalten", sind jetzt aufgetaucht und werden zum Zwecke der Entschädigung an Ignatz Bubis übergeben.

Berlin, 4. November 1941, Wilhelmsplatz 1/2. „Der Reichsminister der Finanzen" setzt einen Schnellbrief an die Oberfinanzpräsidenten ab, „Betr. Abschiebung von Juden". Darin ist verfügt: „Das Vermögen der abzuschiebenden Juden wird zugunsten des Deutschen Reichs eingezogen. Es verbleiben den Juden 100.–RM und 50 kg Gepäck je Person […] Die Gegenstände, die nicht für Zwecke der Reichsfinanzverwaltung gebraucht werden, sind in geeigneter Weise zu veräußern." Auch an „Zweifelsfragen" hat Minister von Krosigk gedacht:

„Als Deckwort für die Abschiebung der Juden ist in Ferngesprächen die Bezeichnung ‚Aktion 3' zu verwenden."

„Betrifft Aktion 3" – diesen Titel trägt eine Ausstellung im Düsseldorfer Stadtmuseum, die zeigt, wie im nationalsozialistischen Deutschland „jüdische Nachbarn verwertet" wurden. Das in der FR bekanntgemachte Ringen des verantwortlichen Historikers Wolfgang Dreßen um Einsicht in abgelegte Finanzakten kam auch hessischen Beamten zu Ohren. Beim Umzug der Frankfurter Finanzämter in das Behördenzentrum Gutleutstraße, so hieß es noch vergangene Woche im Büro des Finanzministers Starzacher (SPD), sei aber „nur eine kleine Kiste" mit Dokumenten aus schrecklicher Zeit an das Hessische Staatsarchiv gegangen.

In der vergangenen Woche dann sind Alexandra Zimpelmann, Pressereferentin im hessischen Finanzministerium, die Augen übergegangen: Die „ersten vier aufgefundenen Aktenkonvolute" über die „Juden-Abwicklung" (Nazi-Jargon) im Großraum Frankfurt erwiesen sich als peinlich genau geführt: „Namen und alles, gut lesbar", stellte sie auf den ersten Blick fest. Der zweite ließ die Referentin schaudern: Die Dokumente, gefunden in einem Behördenkeller, geben Aufschluss über den Umgang mit den armseligen Hinterlassenschaften von Zwangsarbeitern des Arbeitserziehungslagers Heddernheim. Deren zerlumpte Hemden und Hosen, so steht zu lesen, seien vernichtet worden. Das Ministerium wird bei einer Pressekonferenz Einblick in das Material geben.

Frankfurt, 16. November 1941: Zwölf Tage nach Beginn der vom Reichsfinanzminister ausgerufenen „Aktion 3" geht aus der Seilerstraße 14 ein Brief von Hilda Reichenberg an ihren in die USA emigrierten Sohn Ludwig. Es ist einen Monat, nachdem sein „Onkel Julius", wie dem Sohn damals mitgeteilt worden war, „abgereist ist" – der jüdische Frankfurter war deportiert worden. Nun schreibt die Mutter: „Von Onkel Julius haben wir immer noch nichts gehört. Es ist bei den meisten Leuten so. Es scheint dort eine Postsperre zu herrschen […] Wie lange wir noch hierbleiben, ist uns im Augenblick noch nicht bekannt." „Macht Euch aber keine Sorgen um uns", schließt Hilda Reichenberg den Brief an ihren Ältesten, „wir sind stark und werden hoffentlich darüber hinwegkommen. Lebt wohl. Seid herzlich gegrüßt und geküsst von Eurer Euch liebenden Mutter."

Ein Dreivierteljahr später, so hat es die Autorin Monica Kingreen (für ihr Buch Jüdisches Landleben, Cocon-Verlag, Hanau) recherchiert, tritt „Aktion 3" auch für Hilda Reichenberg und ihren Mann Salli in Kraft. Per Schnellbrief der Geheimen Staatspolizei (Gestapo) „wird Ihnen hiermit eröffnet, dass Sie innerhalb von 2 Stunden Ihre Wohnung zu verlassen haben". Die beiden werden nach Theresienstadt verschleppt und ermordet.

Philipp Schunk, Vollziehungsbeamter des Finanzamtes Frankfurt-Außenbezirk, hat 1947 gegenüber der amerikanischen Militärregierung ausgesagt, was danach Sache war: „Der Inhalt der Judenwohnungen musste möglichst schnell verkauft werden." Was zu holen war, war gut bekannt: Schon im Frühjahr 1938 hatte „jeder Jude sein gesamtes in- und ausländisches Vermögen" angeben müssen. 1940 waren von der beim Oberfinanzpräsidenten (Goethestraße 9) angesiedelten Devisenstelle „Sicherungsanordnungen" erlassen worden: Die Geächteten durften Geld nur noch auf einem „beschränkt verfügbaren Sicherungskonto" deponieren und „nur mit schriftlicher Genehmigung der Devisenstelle darüber verfügen".

Diverse Stühle, das Stück für eine Mark. Sechs Teller für drei, einen „Eimer alt" für eine Mark – so wird nun das Hab und Gut der „evakuierten" Juden von Finanzbeamten akkurat aufgelistet. Bei der Vermarktung des Eigentums von Sara Marta Baum aus der Eschersheimer Landstraße 47, das weist eines der 180 erhaltenen „Protokolle über eine freiwillige Versteigerung" aus, erzielt das Finanzamt-Außenbezirk im Juli 1943 genau 22918 Mark; 790,55 Mark bleiben dem Gerichtsvollzieher für seine Mühe.

Etwa 15000 „diesbezügliche Fälle der Verwertung jüdischer Möbel" haben die Frankfurter Finanzbeamten nach den Recherchen der amerikanischen Militärverwaltung durchgezogen. So kann der Vollziehungsbeamte Philipp Schunk „1 Schlafzimmer zum Preise von RM 600.–, 1 Speisezimmer zum Preise von RM 450.–, 1 Ledersessel zum Preise von RM 150.–, 3 Lampen und 1 Schuhschrank" erstehen. Sein Amt kassiert – nach einer Abrechnung des Versteigerungshauses Franz Pfaff (Neue Mainzer Straße 14) allein am 6. Januar 1943 19726,90 Mark für die zurückgelassenen Dinge des Lebens der deportierten Frankfurter Nanny Levis, Simon Isaac, Rosa Cahn, Maria Pauson, Hugo Nathan Adler, Daniel Krämer, Karl Ed. Lazarus und Leo Rothschild.

Claudia Michels. In: Frankfurter Rundschau, Montag, 21.12.1998.

Arbeitsvorschläge

1. Erläutern Sie die Ziele Hitlers in M5. Setzen Sie sie in Beziehung zur nationalsozialistischen Ideologie (Kap. 1). Überlegen Sie, warum er diese Ausführungen vor hohen Militärs macht.
2. Vergleichen Sie diese Ausführungen mit Hitlers Ausführungen für das Ausland (M6).
3. Stellen Sie die ersten Regierungsmaßnahmen des neuen Regimes (M1 - 3; M7; M8; M17) seiner Selbstdarstellung (M4; M9; M10) gegenüber. Zeigen Sie Unterschiede auf und bewerten Sie diese.
4. Erläutern Sie die zentralen Bestimmungen der Notverordnung (M7) und des Ermächtigungsgesetzes (M8). Warum gelten diese als „Verfassungsurkunden des Dritten Reiches"?
5. Diskutieren Sie, warum die Nationalsozialisten den „Tag von Potsdam" inszenierten. Welche sozialen Gruppen wollten sie damit besonders erreichen (M11 - M13)? Bedenken Sie die zeitliche Nähe zum „Ermächtigungsgesetz". Vergleichen Sie Ebermayers Wahrnehmung (M11) mit der von Francois-Poncet (M12).
6. Erläutern Sie den Begriff „Gleichschaltung" am Beispiel des Sports, v. a. des Fußballs (M14; M15). Diskutieren Sie das Verhältnis von Zustimmung und politischer Repression.
7. Erläutern Sie den Begriff „Dualismus von Staat und Partei" (M16; M18; M20). Diskutieren Sie die Einschätzung, Hitler sei ein „schwacher Diktator" gewesen.
8. Erörtern Sie das Verhältnis von Sport und Politik anhand der Olympischen Spiele 1936 (M21; M22). Beziehen Sie dabei auch die ausländische Sicht ein.
9. Untersuchen Sie die politische Dimension des Körperkults in der NS-Zeit. Informieren Sie sich über Beispiele der „entarteten Kunst" (M23 - M28).
10. Beschreiben Sie die Inklusions- und Exklusionsmechanismen der nationalsozialistischen „Volksgemeinschaft". Diskutieren Sie auf diesem Hintergrund erneut das Verhältnis von Zustimmung und Repression (M29; M31).
11. Was könnte den ehemaligen Premierminister Lloyd George veranlasst haben, diesen Text in England zu publizieren (M30)?
12. Erörtern Sie die volkswirtschaftlichen und sozialpolitischen Folgen der Aufrüstungspolitik. Überlegen Sie, welche psychologischen Wirkungen in diesem Zusammenhang die Arisierungspolitik entfaltete (M32 - M34).
13. Überlegen Sie, warum die nationalsozialistische Führung die Inflationspolitik zu verschleiern suchte. Erläutern Sie in diesem Zusammenhang Schachts Bedenken gegenüber der nationalsozialistischen Wirtschaftspolitik (M35 - M38).
14. Verfassen Sie einen Kommentar zu den Sozialberichten aus der Perspektive eines Arbeiters und eines Unternehmers.
15. Erläutern Sie den Begriff „Wohlfühldiktatur". Inwiefern könnte der Nationalsozialismus - Aly zufolge - als „Zugewinngemeinschaft" gedeutet werden und für wen (M40 - M43)? Beziehen Sie auch die Opferperspektive mit ein (M44; M45).
16. Stellen Sie dieser These die Einwände des englischen Historikers Tooze gegenüber (M44).

3 Bereitwillige Helfer – Die Rolle der Justiz

Aus den Reihen der Staatsanwälte und Richter erwuchs dem sich herausbildenden NS-Regime nur von Einzelnen Widerstand. Die übergroße Mehrheit der Richter und Staatsanwälte stellte sich dem neuen Regime sehr bereitwillig und entgegenkommend zur Verfügung. Bei den Rechtsanwälten hingegen kam es zu einer umfangreichen personellen „Säuberung“, insbesondere Anwälte jüdischer Herkunft sowie liberal Gesinnte wurden entlassen und verfolgt.
Das im Kaiserreich und in der Weimarer Republik entwickelte Rechtssystem blieb formal im Wesentlichen in Kraft, ergänzt um zahlreiche Sonder- und Ausnahmegesetze. Die Anwendung des Rechts wurde allerdings von vornherein unter die ideologischen und politischen Ziele des Nationalsozialismus gestellt. Im Zuge der ▶„Gleichschaltung“ wurde eine Vereinheitlichung und Zentralisierung des Rechtswesens angestrebt. So hoben die Nationalsozialisten die Justizhoheit der Länder auf. Auf der anderen Seite entstanden bereits seit 1933 und verstärkt seit dem Kriegsausbruch 1939 rechtsfreie Räume für die ▶SA und später für die ▶SS sowie für die Wehrmacht.

Das Ende des Rechtsstaates

Zugleich änderte sich fundamental das Rechtsverständnis. Bis 1933 galten (theoretisch) die Gleichheit aller Staatsbürger vor dem Gesetz sowie die Unabhängigkeit der Justiz als grundlegende und oberste Prinzipien einer rechtsstaatlichen Ordnung, die mit der Machtübernahme der Nationalsozialisten beseitigt wurde.

1 **Der „Schulungsbrief“, hier eine Ausgabe von 1939, war eine Fachzeitschrift für Juristen.**

Schon vor 1933 hatte jedoch die Rechtssprechungspraxis der rechtsstaatlichen Ordnung nicht entsprochen. Viele Juristen waren auch nach 1918 der alten Ordnung verhaftet geblieben und von ihrer politischen Meinung her monarchistisch oder zumindest „national“ eingestellt, etliche sympathisierten mit „völkischem“ Gedankengut, was dazu führte, dass liberale oder linksradikale Straftäter hart bestraft wurden, während „national“ eingestellte Täter zu unverhältnismäßig geringen Strafen verurteilt wurden.

Rassismus als Rechtsgrundlage

Die Nationalsozialisten erließen indes nicht nur zahlreiche Ausnahme- und Sonderregelungen, sondern erklärten die „Volksgemeinschaft“ und die „Reinheit der Rasse“ zu besonders schützenswerten Rechtsgütern, mit fatalen Folgen für Juden, „Gemeinschaftsfremde“ – wer immer auch zu dieser Gruppe gerechnet wurde. „Asoziale“ oder „minderwertige“ Menschen, Angehörige anderer Nationen sowie (angeblich) geistig oder körperlich behinderte Menschen wurden zu Personen minderen Werts und Rechts erklärt (Nürnberger Rassegesetze, ▶Euthanasie-Maßnahmen, Sonderstrafrecht für Polen, Russen, Partisanen u. a.). Zumal polnische oder russische Zwangsarbeiter mussten bei geringfügigsten Delikten mit äußerst brutalen Sanktionen rechnen. Die Anzahl der Delikte, für die die Todesstrafe verhängt wurde, erweiterte das Regime während des Zweiten Weltkrieges dramatisch. Bagatelldelikte erlangten nun den Rang von todeswürdigen Vergehen und wurden als „Wehrkraftzersetzung“, „Kriegswirtschaftsverbrecher“, „Rundfunkverbrecher“, Hochverrat, „Heimtücke“ qualifiziert, selbst das Weitererzählen von politischen Witzen und Mundraub galten als todeswürdige Verbrechen.

Strafverfolgung, Sondergerichte

Bei der Strafverfolgung entstand ein konkurrierendes System aus Justizverwaltung, SA- und SS-Instanzen und Partei bis hin zu dem jedes Recht brechenden „Führerbefehl“. So wurden z. B. anfänglich von der Justiz verfolgte Beschwerden über Misshandlung von Gefangenen niedergeschlagen und politische Inhaftierte in Straf- und ▶Konzentrationslagern der Justiz von Anfang an entzogen. Nach dem Novemberpogrom (9. November 1938) ist es endgültig die NSDAP, die bestimmt, wann Strafgesetze Geltung haben sollen.
In diesem Zusammenhang gewannen die 1933 etablierten Sondergerichte, die bei allen Oberlandesgerichten gebildet wurden, eine zunehmende Bedeutung. Vor allem politische Gegner des Systems wurden einer „Schnelljustiz“ unterworfen, wobei die „Heimtückeverordnung“ vom März 1933 folgenreich war. Besonders berüchtigt wurde die „Landes- und Hochverratsprozesse“ des bereits 1934 gebildeten „Volksgerichtshofs“, der Angehörige von Widerstandsgruppen wie der Roten Kapelle, des ▶Kreisauer Kreises, der Weißen Rose, des 20. Juli 1944 und viele andere gnadenlos aburteilte.

Die nachfolgenden Materialien thematisieren besonders die Frage, warum sich die Angehörigen der Justiz dem Nationalsozialismus in der Regel zur Verfügung stellten, aber auch, weshalb sie später in der Bundesrepublik weiter tätig sein konnten.

2 „Nacht-und-Nebel-Gefangene" im Strafgefängnis Wolfenbüttel

Auf Straftaten, die sich gegen das nationalsozialistische Besatzungsregime in den besetzten Gebieten richteten, stand grundsätzlich die Todesstrafe. Der sogenannte „Nacht-und-Nebel-Erlass" vom 7. Dezember 1941 legt fest, diejenigen, die nicht sofort von Militärgerichten zum Tode verurteilt und hingerichtet werden, bei „Nacht und Nebel" nach Deutschland zu verbringen. Die Verfahren gegen die sogenannten „N.N.-Gefangenen" finden vor Sondergerichten statt. Die Gefangenen werden in Justizgefängnisse und ab Herbst 1942 zunehmend direkt in die Konzentrationslager verschleppt. Seit 1943 ist das Strafgefängnis Wolfenbüttel eines der wichtigsten Haft- und Vollstreckungsanstalten im Deutschen Reich, da es vergleichsweise geschützt vor Luftangriffen liegt und die Vollstreckung der Todesstrafe schnell erfolgen kann. Der als Gefängnisseelsorger eingesetzte katholische Pfarrer Wilhelm Unverhau berichtet 1946 über die Situation von zehn zum Tode verurteilten französischen Widerstandskämpfern, die aus dem KZ Esterwegen nach Wolfenbüttel überführt worden waren:

Außer den Wachmannschaften und den leitenden Beamten des Strafgefängnisses in Wolfenbüttel hatte außer mir niemand zu den Gefangenen Zutritt. […]

In ihrer Zelle hatten die Gefangenen auf ihrer Gefangenenkarte keine Namensangabe, sondern lediglich eine Nummer, und zwar hatten sie die Bezeichnung N.N. Sie wurden auch im Strafgefängnis als sogenannte N.N.-Gefangene geführt. […]

Soweit ich mich erinnere, kamen diese 10 Gefangenen aus Poitiers im Mai 1943 nach Wolfenbüttel. […]

Jeder Gefangene hatte eine Einzelzelle, die mit den notwendigsten Einrichtungsgegenständen ausgestattet war: Bett, Schemel, ein aufklappbarer Tisch und ein Kleiderschrank für die Aufnahme der notwendigsten Gegenstände. Außerdem hatten diese Zellen Wasserleitung und Aborte.

Die Gefangenen waren durch den Aufenthalt im Lager Esterwege körperlich sehr heruntergekommen. Dieser körperliche Zustand konnte sich infolge der knappen Ernährung auch nicht wesentlich bessern. Immerhin erklärten sie, dass der Aufenthalt in Wolfenbüttel gegenüber dem Aufenthalt im Lager Esterwege besser gewesen sei.

Dass die Gefangenen körperlich misshandelt wurden, habe ich nicht feststellen können. Es hat mir auch keiner der Gefangenen etwas darüber geäußert, was sie zweifelsohne getan hätten, wenn irgendwelche Übergriffe von Seiten der Beamten vorgekommen wären. Wohl klagten sie über mangelhafte Verpflegung.

Über den Grund ihrer Verurteilung sprachen sie in den meisten Fällen nicht. Wohl deuteten sie an, dass sie wegen Teilnahme an der Widerstandsbewegung gefangen gesetzt und nun zum Tode verurteilt wären. […]

Ihr hartes Los trugen sie mit einer mannhaften Entschlossenheit. Wenn sie auch oft die harte Gefangenschaft drückte, so waren sie doch keinen Augenblick mutlos, sondern erfüllt von der Aufgabe gegenüber ihrer Nation. Das Erschütterndste war wohl, dass sie vor ihrer Hinrichtung mir versicherten, dass sie allen ihren Feinden von Herzen verziehen. […]

In ihren letzten Worten, die sie mir sagten, war immer wieder die Bitte ausgesprochen, ihrer nicht zu vergessen, ihre Angehörigen zu grüßen und doch dafür zu sorgen, dass ihnen ein christliches Begräbnis zuteil würde. Für alle war es bitter, dass sie den Tod durch das Fallbeil finden mussten. Lieber hätten sie es gesehen, wenn man sie erschossen hätte, wenn sie schon sterben mussten. […]

Ich möchte meinen Bericht schließen mit dem Hinweise, dass dieses mannhafte Sterben nicht nur auf mich einen tiefen, unauslöschlichen Eindruck machte, sondern auch auf die, die bei der Hinrichtung zugegen waren und die, wenn sie auch dem Staate dienen mussten, doch es unerträglich fanden, einem solchen Werk der Ungerechtigkeit und der Gewalt dienen zu müssen.

Wilfried Knauer: Nationalsozialistische Justiz und Todesstrafe. Eine Dokumentation zur Gedenkstätte in der Justizvollzugsanstalt Wolfenbüttel, hg. vom Niedersächsischem Justizministerium. Braunschweig 1991, S. 46ff.

3 Die Hinrichtungsstätte der Justizvollzugsanstalt Wolfenbüttel ist heute eine Gedenkstätte. Zwischen 1939 und 1945 wurden hier über 700 Gegner des Nationalsozialismus hingerichtet.

4 Politische Justiz

Wilhelm Högner (SPD), erster Ministerpräsident von Bayern nach 1945, schrieb 1934 im Schweizer Exil sein Buch „Die verratene Republik" und sieht in der Justiz einen hauptsächlichen Faktor bei der Machtübernahme durch die Nationalsozialisten:

Unter politischer Justiz will hier die ungleichartige Behandlung von Rechtsfällen politischen Einschlags verstanden sein, die in der Einstellung der Justizorgane zur Ordnung von Weimar, das ist zum demokratisch-parlamentarischen Staatssystem, und ihren Anhängern oder Gegnern ihren Ursprung hat. [...]

Die hohe Staatsbürokratie, insbesondere auch die Justizbürokratie, die in den Staat von Weimar unbesehen und ungesiebt übernommen wurde, war im Grunde ein Fremdkörper im demokratischen Staat. Ihre Vertreter hingen zum größten Teil den Idealen an, die mit dem Zusammenbruch der kaiserlichen Macht im November 1918 im Staat außer Kraft gekommen schienen [...] So war das politische Bekenntnis des übergroßen Teils der Justizbürokratie im Norden wie im Süden des Reiches deutschnational. [...]

Der Nachwuchs, der von den Universitäten kam, gehörte überwiegend der völkischen Richtung an. [...]

Die politische Justiz hat der Gegenrevolution als Schrittmacherin gedient. Sie hat dem Staat von Weimar häufig den Schutz der Strafgesetze gegen staatsfeindliche Erschütterungen versagt. Dadurch hat sie nicht nur der Polizei ihre Aufgabe, die Aufrechterhaltung der öffentlichen Ordnung, erschwert, sondern auch das Ansehen des Staates und der Staatsbehörden geschädigt und die Gegner der demokratischen Republik ermuntert, ihre Angriffe gegen den Staat fortzusetzen.

W. Hoegner: Die Verratene Republik. München 1979, S. 286–316.

6 In einem Lager für Referendare in Jüterborg, August 1933. Zum Abschluss der Juristenausbildung gehörte ein Referendariat, das auch einen Lageraufenthalt beinhaltete. In heller Uniform unter dem aufgehängten Paragrafen: Hans Kerrl, Justizminister von Preußen. Überlegen Sie, welche Rechtsauffassung dieses Bild impliziert.

5 Verbrechen im Namen des deutschen Volkes

Der Kriminologe und frühere niedersächsische Justizminister Christian Pfeiffer (geb. 1944) äußerte sich 2002 über das Versagen der deutschen Justiz im Nationalsozialismus und über die besondere Verantwortung der heutigen Justiz im Umgang mit ihrer NS-Vergangenheit:

Worin liegt nun – kurz zusammengefasst – das dramatische Versagen der Justiz vor 1945? Besonders auffallend ist hier das Wirken der Strafjustiz im NS-Staat. Sie fällte in der Zeit von 1933 bis 1945 nicht weniger als 16000 Todesurteile. Hinzu kamen fast 20000 weitere Todesstrafen, die von der Wehrmachtsgerichtsbarkeit und in den letzten Kriegsmonaten von Standgerichten verhängt wurden. Nur zum Vergleich: Im faschistischen Italien wurden in der gleichen Zeit weniger als 100 Menschen hingerichtet.

Noch bis in die 80er-Jahre hat man diese erschütternden Zahlen nicht selten damit bemäntelt, dass die Justiz hier Werkzeug der nationalsozialistischen Gesetzgebung gewesen sei. Aber bei genauer Betrachtung entlarvt sich schnell ein anderes Bild. Zwar ist es richtig, dass die Nationalsozialisten nach der Machtergreifung und erst recht nach Kriegsbeginn die Zahl der Tatbestände beträchtlich erweitert hatten, in denen die Todesstrafe vorgesehen ist. Aber bei den meisten Fällen hatten die Strafrichter nach wie vor einen Entscheidungsspielraum. Und außerdem waren die Tatbestände bewusst so vage gefasst, dass eine große Bandbreite von Handlungen darunter subsumiert werden konnte. Dies bedeutete auch die Möglichkeit, den Entscheidungsspielraum zugunsten des Angeklagten zu nutzen. Und dies geschah eben meist nicht.

Wer vor diesem Hintergrund Todesurteile von NS-Sondergerichten, Kriegsgerichten oder gar des Volksgerichtshofes eingehender liest, findet rasch die frühere These widerlegt, hier habe sich die Justiz einem verbrecherischen System widerwillig gebeugt, unpolitisch und formal korrekt agiert. Stattdessen erweist sie sich in ihrer Mehrheit als willige Handlangerin des Systems, die Unrechtsnormen nicht nur exzessiv anwandte, sondern teilweise in vorauseilendem Gehorsam bzw. aus eigenem Antrieb über sie hinausging.

Ein Beispiel ist das Todesurteil gegen den Vorsteher der Jüdischen Kultusgemeinde in Nürnberg, Leo Katzenberger, wegen sogenannter Rassenschande. Der 67-jährige Katzenberger war wegen eines angeblichen Liebesverhältnisses mit seiner 30-jährigen Nachbarin Irene Seiler denunziert worden, wurde daraufhin verhaftet und wegen Verstoß gegen das Blutschutzgesetz von 1935 und die sogenannte Volksschädlingsverordnung von 1939 vor dem Sondergericht Nürnberg angeklagt [zum Tode verurteilt und hingerichtet]. [...] Das Urteil und die von der NS-Ideologie geprägte Rhetorik seiner Begründung zeigen, wie sehr sich große Teile der Justiz die Ziele der NS-Staats- und Parteiführung zu Eigen gemacht hatten. Aber auch die anderen Angehörigen der Justiz, die nicht unmittelbar an solchen Todesurteilen beteiligt waren, haben mitgespielt, haben sich geduckt und im Sinne des Systems ganz überwiegend bestens funktioniert.

Was aber hat die Richter und Staatsanwälte dazu veranlasst, sich so zu verhalten und ihre juristisch-technischen Fähigkeiten in den Dienst der Machthaber zu stellen? Warum haben sie damit politische Maßnahmen bis hin zum Terror den Anstrich des Legalen und Richtigen verliehen?

Schließlich war es nur eine Minderheit unter ihnen, die von Beginn an als glühende Anhänger Hitlers einzustufen war. Die Mehrheit verschanzte sich schlicht hinter ihren Paragraphen und machte mit.

Bei der Suche nach Erklärungen für dieses angepasst-autoritätshörige Verhalten ist zunächst zu beachten, dass der Berufsstand der Richter in alten obrigkeitsstaatlichen Traditionen verankert war. Man funktionierte eben als unpolitische Experten für die Auslegung und Anwendung von Gesetzen. [...] Hinzu kommt, dass auch nach der Machtergreifung der Nationalsozialisten die gewohnte Gerichtsstrukturen und die traditionellen juristischen Handlungsmuster und Argumenationstechniken weitgehend beibehalten blieben. Das erweckte sowohl innerhalb der Justiz wie außerhalb den Anschein der Rechtsstaatlichkeit und half so, das Unrecht, das unter ihrem Dach geschah, zu bemänteln. Die Nationalsozialisten haben die alten Formen weitgehend respektiert und damit den Eindruck erweckt, als ob alles so bliebe wie es war. [...]

Natürlich gab es Nazi-Gesetze, die eindeutig nicht mit dem früheren Recht zu vereinbaren waren wie die [...] Verschärfungen des Strafrechts, die Euthanasie-Gesetze oder die Eingriffe in jüdisches Eigentum. Aber das waren Sondervorschriften, die den Kernbereich des bürgerlichen Rechts und des Strafrechts unberührt ließen. Sie wurden von der Justiz ganz überwiegend passiv hingenommen und wenn nötig auch angewendet.

Es gab da freilich auch Ausnahmen. Es gab Juristen, die sich der Gleichschaltung im NS-Staat aktiv widersetzt haben. [...] Damit wende ich mich [...] dem zweiten Thema [...] zu, der Frage nämlich, wie die Justiz der Bundesrepublik Deutschland nach dem Krieg das Naziunrecht verarbeitet hat. [...] Das niederschmetternde Fazit lautet: Bis auf zwei Ausnahmen in der unmittelbaren Nachkriegszeit ist kein Richter, kein Staatsanwalt wegen seiner Beteiligung an NS-Todesurteilen zur Rechenschaft gezogen worden. Die wenigen Prozesse endeten [...] mit Freispruch – zumeist wurden entsprechende Verfahren aber eher lautlos bereits im Ermittlungsstadium eingestellt. Allein in Niedersachsen endeten über 50 Verfahren wegen Justizverbrechen auf diese Weise.

Mit der jahrzehntelangen Bestätigung des NS-Unrechts aber nicht genug: Nachdem die Alliierten ab 1945 zunächst mit der NS-Rechtsordnung gebrochen, im Nürnberger Juristenprozess 12 führende deutsche Justizjuristen zu hohen Freiheitsstrafen verurteilt und zahlreiche belastete Richter und Staatsanwälte ihres Amtes enthoben hatten, befanden sich die Verurteilten bereits Anfang der 50er-Jahre wieder in Freiheit und die Entlassenen – soweit sie noch verwendungsfähig waren – in ihren Ämtern.

So betrug in Niedersachsen der Anteil von Richtern, die einstmals Mitglieder der NSDAP gewesen waren, mehr als 80% und auch der Bundesgerichtshof, der 1950 den Obersten Gerichtshof der britischen Zone als höchste Revisionsinstanz ablöste, wurde zu etwa 80% mit ehemaligen NS-Richtern besetzt. Erst Mitte der 80er-Jahre schieden die letzten formell belasteten Juristen altersbedingt aus dem Justizdienst aus.

Ein besonders bekanntes Beispiel aus Hannover ist der Landesgerichtsdirektor Dr. Kurt Bellmann. Als Vorsitzender des Sondergerichts Prag war er in der Zeit von 1941 bis 1945 für mindestens 110 Todesurteile gegen Oppositionelle verantwortlich. Dafür wurde er 1947 in Prag zu lebenslanger Haft verurteilt, jedoch 1955 als nicht begnadigter Verbrecher in die Bundesrepublik abgeschoben. Bereits 1956 amtierte er wieder als Direktor des Landgerichts Hannover. Eine noch steilere Karriere machte der Staatsanwalt Dr. Willi Geiger. Zunächst profilierte er sich mit seiner Doktorarbeit, mit der er das Berufsverbot für jüdische Journalisten, den sogenannten Arierparagrafen, juristisch rechtfertigte. [...] Später hat er an sechs Todesurteilen von Sondergerichten mitgewirkt. Das bekannteste war das Urteil gegen den 19-jährigen Juden Stachak, der 1945 wegen Rassenschande mit seiner 16-jährigen deutschen Freundin hingerichtet wurde. In diesem Fall hat Geiger durch persönlichen Einsatz erfolgreich darauf hingewirkt, dass ein zunächst auf lebenslang und Einweisung in ein Konzentrationslager lautendes Urteil in die Todesstrafe umgewandelt wurde. Ich erwähne diese Geschichte, weil Herr Dr. Geiger später Vizepräsident des Bundesverfassungsgerichts und Präsident des Deutschen Katholikentages geworden ist. [...]

Erst als die für das NS-Unrecht Verantwortlichen nicht mehr in Machtpositionen saßen oder schlicht gestorben waren, war endlich der Weg frei, eine breite Erinnerungskultur in Gang zu bringen.

Niedersächsisches Justizministerium (Hg.), Versagen und Mut – Zum Umgang der Justiz mit ihrer NS-Vergangenheit. Rede von Prof. Dr. Christian Pfeiffer am 10. September 2002 in Berlin. Hannover 2002, S. 4 ff.

Einer der Betroffenen, der o.g. Willi Geiger, nimmt zur Frage der Verantwortung der NS-Richter wie folgt Stellung:

Man fragt ihn (*sc. den Richter*) und er fragt sich, ob und wie er die Vergangenheit, jene bitteren zwölf Jahre voll Not, Hohn und Verbrechen bewältigt hat; vor allem diejenigen von uns, die in jenen Jahren schon richterliche Verantwortung getragen haben, stehen vor dieser Frage, und keiner von uns kann ihr dadurch entgehen, dass er sich dagegen wehrt, nach rückwärts zu schauen. Was ist dazu zu sagen? [...]

Es ist nicht zu bestreiten, dass damals im Namen des Rechts Urteile gefällt worden sind, die gröbstes, beschämendes Unrecht waren. Die Justiz hat sich damals den Verhältnissen und, was schlimmer ist, ihrer Aufgabe nicht gewachsen erwiesen. Wenn wir das sagen – nicht leichthin –, dann verlangt die Gerechtigkeit und Wahrhaftigkeit, hinzuzufügen: Selbst in der bösesten Zeit hat das Gros der deutschen Richter nicht aufgehört, hartnäckig danach zu streben – oft in einem verzweifelten Kampf mit Gesetz und Macht! –, Recht zu sprechen. Und bevor man über „die" Richter jener Jahre das Schuldig spricht, weil ihr Streben allein nicht genügt und ihre Erkenntnisse teilweise nach unseren Maßstäben unzureichend sind, soll man füglich – ich werde das im Einzelnen nicht darlegen – wenigstens zur Kenntnis nehmen die nicht eben kleine Zahl jener bekannten und unbekannten Richter, die nicht nur vorbildlich in ihrem Amt gewirkt, sondern sich auch mutig exponiert und gefährdet haben [...].

Ich meine [...], keinem von uns, der das alles ernst nimmt, bleibt erspart sich zu prüfen, ob er sich einen Vorwurf zu machen hat. Die redliche Antwort auf diese Gewissensfrage nimmt uns niemand ab. Das heißt aber auch – und auch das darf ich nun sagen, ohne missverstanden zu werden –, dass niemand, er sei wer er wolle, legitimiert ist, für andere, für seine Kollegen, ein Schuldbekenntnis abzulegen. Selbst die bloße Andeutung, er vermisse das Schuldbekenntnis seiner Standesgenossen, scheint mir die Grenze des moralisch und juristisch Unanfechtbaren zu überschreiten.

Willi Geiger: Von der Aufgabe und der Bedrängnis des Richters. Deutsche Richterzeitung 1959, S. 339.

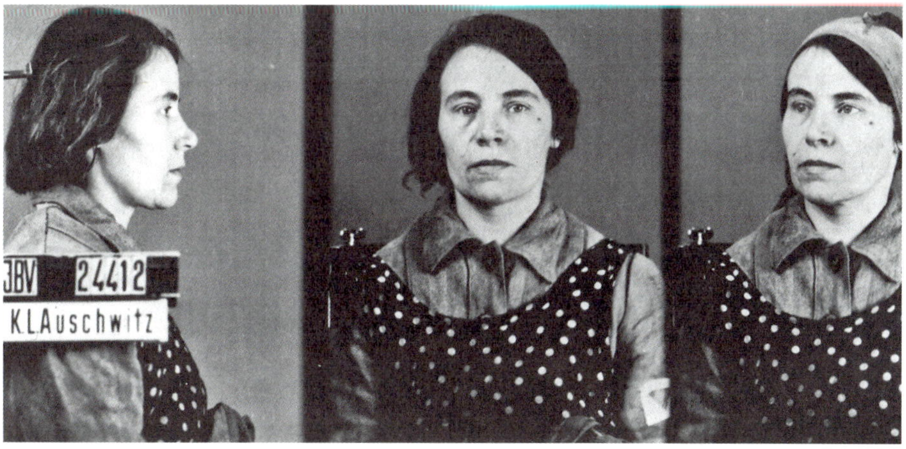

7 Auch die Zeugen Jehovas wurden unter dem NS-Regime verfolgt, u.a., weil sie den Wehrdienst verweigerten. Die hier abgebildete Frau wurde nach Auschwitz gebracht, weil sie zu den Zeugen Jehovas gehörte: Das Kürzel JBV (links) steht für „Internationale Bibelforscher-Vereinigung". Foto um 1943.

8 Aus der Praxis des Braunschweiger Sondergerichts

[...] Die Sondergerichte lassen sich als eine Form von Schnelljustiz charakterisieren, welche die Rechte der Angeklagten entscheidend beschränkte. Es gab z.B. keine Berufungsmöglichkeit. Die Angeklagten hatten Anspruch auf einen Verteidiger. Häufig waren es Pflichtverteidiger, die ein routiniertes, ängstliches, gleichgültiges Verhalten an den Tag legten. Häufig ist in den Akten nur die jeweilige Honorarforderung überliefert.

Nur ganz wenige Braunschweiger Sonderrichter waren bereits vor 1933 Mitglieder der NSDAP. Alle kamen aber aus einem konservativ-national geprägten, gutbürgerlichen Milieu. Mit ganz wenigen Ausnahmen traten sie im Frühjahr 1933 der NSDAP bei. Die Sonderrichter der ersten Stunde waren „politisch qualifizierte" Richter, durchaus in Übereinstimmung mit der nationalsozialistischen Rechtsauffassung. Bei den jüngeren Richtern spielten Karriereüberlegungen sicherlich eine wichtige Rolle. Besonders erklärungsbedürftig scheinen die Handlungsmotive der Sonderrichter angesichts ihrer sich radikalisierenden Rechtsprechung im Krieg zu sein. Die Richter wollten zweifellos ihren Beitrag zur Stabilisierung der „inneren Front" leisten, durch Abschreckung den Durchhaltewillen bis in die letzten Kriegstage hinein stärken, einen Zusammenbruch wie im Herbst 1918, an den sie traumatische Erinnerungen hatten, mit allen Mitteln verhindern. Sie wollten in der Heimat mit den Paragraphen wie mit Waffen kämpfen. Sie wollten sich mit dem NS-Recht bzw. dem obersten Gerichtsherrn Hitler in Einklang befinden. Lange tradiertes obrigkeitsstaatliches Denken und überzeugtes Bekenntnis zum autoritären, nationalen Staat kamen hinzu. Allerdings standen die Sonderrichter auch unter dem Druck der Lenkungsmaßnahmen von oben. Doch es blieben Spielräume. Die Sonderrichter sahen sich der Konkurrenz der SS gegenüber, die ihnen, zumal im Kriegsverlauf, eine allzu laxe Rechtsprechung vorwarf; und an die sie immer weitere Zuständigkeiten abgeben mussten. Auch in diesem Bereich kam es zu einer Radikalisierung, verursacht durch die Rivalität zwischen traditionellen Machteliten und NS-Institutionen.

Die Verschärfung der Rechtsprechung wäre dann als Versuch zu sehen, schlimmere und lebensbedrohliche Inhaftierungen durch die SS zu verhindern. Dies war die Rechtfertigungsstrategie der Justiz nach 1945. Angesichts der außerordentlichen Härte vieler Urteile in den letzten Kriegsjahren, angesichts der zahlreichen Todesurteile, wird man dieses Erklärungsmuster jedoch kritisch hinterfragen müssen.

Am 8. April 1933 trat das Braunschweiger Sondergericht zum ersten Mal zusammen. Der neu ernannte Vorsitzende des Sondergerichts, Landgerichtsdirektor Friedrich Lachmund zum Sinn und Zweck der neuen Strafrechtsprechung: „Was die Strafzumessung anbetrifft, so vertritt das Sondergericht den Standpunkt, dass das Sondergericht seine Aufgaben am besten erfüllt, wenn es sich so schnell wie möglich entbehrlich macht. Das geschieht dadurch, dass es von Anfang an mit fester Hand zupackt und zeigt, dass es den Willen hat, unter allen Umständen dem Rechnung zu tragen, was die nationale Erhebung des deutschen Volkes erfordert [...] Der Zweck der hohen Strafen besteht darin, dass sie auf diejenigen, die glauben, der nationalen Regierung und dem deutschen Volke noch Widerstand leisten zu können, so erzieherisch einwirken sollen, dass binnen kurzem sowohl bei Verführten wie bei gewohnheitsmäßigen Rechtsbrechern und Abenteurern die Einsicht einkehrt, es sei richtiger, mit dem Strom als gegen den Strom zu schwimmen."

Vor einem Sondergericht wurde angeklagt, wer ausländische Rundfunksender abhörte; wer schwarz schlachtete, wer Lebensmittel beiseite schaffte; wer sich der Wehrpflicht entzog, wer Soldaten zur Fahnenflucht aufforderte und wer die Wehrkraft zersetzte; wer mit Kriegsgefangenen in einer Weise Umgang pflegte, „welche das gesunde Volksempfinden gröblich" verletzte und wer gegen die Volksschädlings-Verordnung verstieß. Sie bildete das „Kernstück" des Kriegsstrafrechts.

Doch die Sondergerichte ausschließlich mit Todesurteilen in Verbindung zu sehen, würde die Sondergerichtsbarkeit nicht hinreichend charakterisieren. Viele Angeklagten erhielten „nur" Gefängnisstrafen, es kam auch zu Freisprüchen und zur Verfahrenseinstellung. Die Quote der eingestellten Verfahren lag in den Jahren 1936–1939 zwischen 50 und 60%. Jedes sechste Hauptverfahren endete bis 1939 mit Freispruch. Bis Kriegsausbruch sind nicht die drakonischen Strafen das Merkmal des Sondergerichts – es gibt kein Todesurteil, wenige Zuchthausstrafen –, vielmehr die Diskrepanz zwischen der Einleitung des Verfahrens überhaupt und dem für uns heute gänzlich harmlos erscheinenden Charakter vieler Fälle.

Im Krieg allerdings verschärften sich die Strafen von Jahr zu Jahr. Die Zahl der Zuchthausstrafen nahm deutlich zu. Und das Gericht verhängte Todesstrafen, 92 bis Kriegsende. Die Hälfte davon gegen Kriegsgefangene und Zwangsarbeiter. [...]

Beispiele:

Am 2. Mai 1933 unterhielt sich in Wolfenbüttel der Maurer Adolf O. lautstark mit einer Bekannten von Fenster zu Fenster: „Da haben sie sieben Stunden im Rundfunk am 1. Mai Theater gemacht, um das Volk dadurch zu verdummen." Das hörte eine junge Frau, die gerade vorbeikam. Sie zeigte den Maurer an, und er wurde zu einer Gefängnisstrafe von einem Jahr verurteilt. Der Angeklagte habe eine unwahre Behauptung öffentlich aufgestellt und verbreitet, die geeignet sei, das Wohl des Reiches und das Ansehen der Reichsregierung schwer zu schädigen, meinten die Richter. – Ein Schlosser nennt Hitler einen Knecht des Privatkapitals, nichts habe die jetzige Regierung an den Verhältnissen geändert. Das Gericht verurteilt ihn zu zwei Jahren Gefängnis, „um ihn für längere Zeit an den Störungen der Aufbauarbeit der Regierung zu hindern".

Im März 1936 weigerte sich ein siebzigjähriger Rentner aus Braunschweig zur pseudodemokratischen Wahl für den Reichstag zu gehen. Von seinem Nachbarn dazu aufgefordert, sagte er: „Wegen Hitler mache ich mir nicht die Stiefel schmutzig." Der Nachbar zeigte ihn an, und das Gericht verurteilte den Rentner zu sieben Monaten Gefängnis. Es handle sich um eine gehässige Äußerung, meinten die Richter, politisch unzuverlässig sei er sowieso, und für das Winterhilfswerk spende er auch nichts. Wesentlich großzügiger verhielt sich die Anklagebehörde gegenüber einem Revierförster, der sich recht derb über Göring geäußert hatte. Er könne keine Kinder bekommen, „der mit seinen zerschossenen Eiern, dieses dicke Schwein, wird alle Tage fetter". Waldarbeiter hatten den Förster angezeigt. Der Oberstaatsanwalt stellte das Verfahren mit folgender Begründung ein: „Bei Berücksichtigung des Umstandes, dass es sich bei dem Beschuldigten um einen alten Kolonialkämpfer und um einen Mann handelt, dessen Sprachschatz etwas drastischer als sonst üblich zu sein scheint, kann in seiner Ausdrucksweise auch nicht unbedingt das Hervortreten einer gemeinen Gesinnung erblickt werden." Offensichtlich verfuhr das Gericht milder mit Beschuldigten aus den besseren Kreisen.

Das Braunschweiger Sondergericht verhängte aufgrund der Volksschädlingsverordnung 50 Todesurteile. Sie traf in den letzten Kriegsjahren vor allem die Zwangsarbeiter. Fünf ukrainische Zwangsarbeiter wurden zum Tode verurteilt. Sie hatten insgesamt 7 Oberhemden, 1 Hose, 1 Pullover, 1 Paar Schuhe, 1 Paar Schaftstiefeln, 1 Lederriemen, 3 Handtücher, 6 Taschentücher, 1 Zigarettenetui, 2 Dosen Kondensmilch und 2 Tüten Kekse gestohlen. [...]

Um die Rolle der Sondergerichte einschätzen zu können, muss auf ein charakteristisches Strukturmerkmal des NS-Systems hingewiesen werden: Nicht nur mit Hilfe des Strafrechts und der Gerichte ging das NS-System gegen seine Gegner vor. Von Anfang an entwickelte das System eine noch wirksamere Ebene: die polizeiliche Gegnerbekämpfung. Hierfür zuständig war die Gestapo und das von ihr angewandte Mittel war die Schutzhaft, also KZ-Haft. Konkurrenz zur Justiz war von Anfang an gegeben und gewollt. Es kam immer wieder vor, dass nach Haftbeendigung, aber auch nach Verfahrenseinstellungen oder Freisprüchen die Beschuldigten von der Gestapo in Schutzhaft genommen wurden.

Bei Kriegsende wurden die Sonderrichter aus ihren Ämtern entlassen bzw. suspendiert. Einige kamen in Internierungshaft. Die Entnazifizierungsverfahren stuften die meisten Sonderrichter und Staatsanwälte zunächst in die Kategorie III ein. Das bedeutete Entlassung aus ihren bisherigen Stellungen, Kürzung oder Verlust des Ruhegehalts. Die Jahre 1948/49 brachten im Zuge einer sich mildernden Entnazifizierungspraxis die erneute Überprüfung mit durchwegs günstigeren Einstufungen für die Betroffenen. Zu Beginn der fünfziger Jahre waren die ehemaligen Sonderrichter wieder im Justizdienst oder im Ruhestand oder außerhalb der Justiz in durchaus attraktiven Positionen beschäftigt.

Zusammengestellt nach: Hans-Ulrich Ludewig: Es sei also jeder gewarnt. Das Sondergericht Braunschweig 1933–1945, Vortrag anlässlich der Wanderausstellung „Justiz im Nationalsozialismus – Über Verbrechen im Namen des Deutschen Volkes im Landgericht Braunschweig 16. Mai 2002. Zit. nach: http://cdl.niedersachsen.de/blob/images/C1221480_L20.pdf

Arbeitsvorschläge

1. Überlegen Sie, warum gerade Angehörige der Weimarer Justiz im Dritten Reich oft bereitwillige Helfer waren. Wobei lassen sich ihre Motive erkennen (VT, M 4)?
2. Diskutieren Sie anhand M 1 und M 6, welche Rechtsauffassung der Nationalsozialismus hatte und wie sich diese von einer rechtsstaatlichen Auffassung unterscheidet. Berücksichtigen Sie dabei Quelle und Zielsetzung von Recht.
3. Informieren Sie sich über die Zielsetzung des „Nacht-und-Nebel"-Erlasses. Diskutieren Sie die Bewertungen des Gefängnisseelsorgers, beachten Sie besonders den letzten Absatz (M 2).
4. Erörtern Sie und stellen Sie Tatbestände zusammen, inwiefern und wodurch die Justiz zur Stabilität des NS-Regimes beitrug (M 1; VT; M 2; M 8).
5. Suchen Sie nach Ursachen für die personelle Kontinuität von der NS-Zeit bis in die Bundesrepublik im Bereich der Justiz (M 5). Diskutieren Sie die Einschätzung von Pfeiffer und die Stellungnahme von Geiger und nehmen Sie begründet Stellung. Informieren Sie sich dazu auch über die berufliche Karriere des Juristen Geiger (1909–1994).
6. Informieren Sie sich über das Schicksal der Zeugen Jehovas in der NS-Zeit und erläutern Sie, warum diese Gruppe (neben der Wehrdienstverweigerung) verfolgt wurde (M 7).

4 Anpassung – Widerstand – Verfolgung – Vernichtung

Die Opfergruppen des Dritten Reiches können klar benannt werden: Juden, Sinti und Roma, Homosexuelle, Zeugen Jehovas, Behinderte, Sozialdemokraten und Kommunisten sowie Widerstandskämpfer. Bei den Tätergruppen wird es schwieriger, sieht man von den Hauptkriegsverbrechern ab. Konnte man „anständig" als Soldat etwa an der Ostfront oder als Angestellter in der Stadtverwaltung bleiben? Ist derjenige, der zu ihm bekannt gewordenen Verbrechen geschwiegen oder weggesehen hat, ein Mittäter? Hier öffnet sich eine weite Grauzone.
Die neuere historische Forschung betont in diesem Zusammenhang nicht nur die Handlungsspielräume von Funktionseliten im In- und Ausland, sondern auch deren „Experimentierfreude", individuelle „Initiative" und „Improvisationsbereitschaft", die vielfältigen Formen von Mitwisserschaft. Utilitaristischen Motiven etwa bei Arisierungspraktiken, also beim Raub jüdischen Eigentums, leistete die „Volksgemeinschaftsideologie" Vorschub. Sie verschob Vorstellungen darüber, was rechtlich und moralisch zulässig war und was als verbrecherisch zu gelten hat, nachdem bestimmte Menschen aus der Gemeinschaft immer stärker ausgeschlossen worden waren. Der Sozialpsychologe Harald Welzer meint, dass ein Wissen über die verbrecherische Behandlung der Juden im Vorfeld der Vernichtung zu annähernd 100 Prozent verbreitet war, aber zunehmend weniger als verbrecherisch empfunden wurde. Manifeste Informationen hinsichtlich der Massenvernichtungen waren weit verbreitet in Form eines „offenen Geheimnisses". Diese Form des Wissens hatte den Vorteil, dass man sich von ihm im Nachhinein distanzieren könne, und zwar nach innen wie nach außen.

In einer ähnlichen Grauzone bewegt sich der Begriff „Widerstand" oder die sogenannte innere Emigration, in die sich viele Menschen zurückgezogen hatten. (Nach 1945 jedenfalls besorgten sich sehr viele Menschen – zumal „kleine Parteimitglieder" – einen „Persilschein" etwa bei den örtlichen Priestern oder Pastoren, die ihnen eine „kirchliche" oder sonstwie „anständige" Haltung bescheinigten, die sie dann – oft mit Erfolg – bei den alliierten Entnazifizierungsverfahren vorlegten.)

1 Stufen abweichenden Verhaltens
Der Historiker Detlef Peukert entwickelte folgendes Schema:

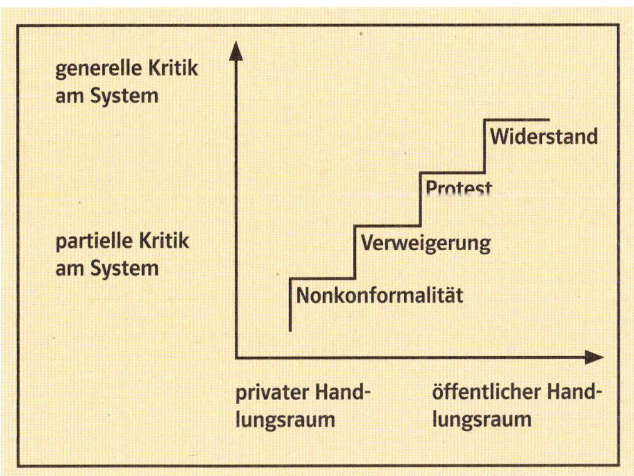

Verschiedene Widerstandsgruppen
Den wohl entschiedensten Widerstand leisteten die Kommunisten in Form von Demonstrationen, Sabotageaktionen, geheimen Flugblattverteilungen, Anbringen von Parolen u.a. Tausende von Kommunisten bezahlten dafür mit ihrer Inhaftierung in KZs, Folter und Tod. Der seit 1935 vollzogene Schwenk zur „antifaschistischen Volksfront" hatte insgesamt kaum Erfolg, viele Sozialdemokraten bewahrten sich ihr antikommunistisches Misstrauen. Der Hitler-Stalin-Pakt 1939 ließ viele Kommunisten an ihrer Partei verzweifeln.
Teile der SPD und der Gewerkschaften versuchten ihre Organisation durch eine „Anpassung" an das neue Regime zu retten, andere Funktionäre flohen ins benachbarte Ausland (u.a. Prag, Amsterdam, Paris), um von dort aus die Parteiarbeit und Widerstandsaktionen zu organisieren. Wie schon vorher die kommunistischen Organisationen wurden auch die sozialdemokratischen im Mai und Juni 1933 verboten und ihr Vermögen beschlagnahmt. Tausende wurden inhaftiert. Einige führende Sozialdemokraten wie Julius Leber und insbesondere Wilhelm Leuschner suchten intensiv den Kontakt und die Zusammenarbeit mit „bürgerlichen" und später auch konservativen militärischen Widerstandskreisen, sie wurden nach dem Scheitern des Umsturzplanes vom 20. Juli 1944 hingerichtet.

2 Appell im Konzentrationslager Oranienburg 1933
Zu diesem Zeitpunkt waren die Konzentrationslager „wilde" Gefängnisse für Regimegegner (besonders Kommunisten, Sozialdemokraten, kritische Journalisten usw.) und noch keine Vernichtungslager. Es bedurfte keiner richterlichen Anordnung, um inhaftiert zu werden.
Mitte der 1930er-Jahre waren ca. 4000–5000 Menschen in solchen KZs eingesperrt.

Ein Großteil der katholischen und mehr noch der evangelischen Kirchenanhänger begrüßte die „Machtergreifung" und die Etablierung einer autoritären Ordnung. Allerdings regte sich in der evangelischen Kirche ein gewisser Widerstand (▶ „Bekennende Kirche", z. B. Martin Niemöller, Dietrich Bonhoeffer), als Hitler eine regimehörige „Reichskirche" zu etablieren suchte, die von ihren jüdischen Traditionsbeständen gereinigt sein sollte. Die antisemitischen Aktionen und andere Verbrechen des Regimes wurden indes weder von der evangelischen noch von der katholischen Kirche angeprangert. Die katholische Kirche schloss vielmehr mit dem Abschluss eines Reichskonkordats ihren Frieden mit der neuen Ordnung und trug damit erheblich zur internationalen Aufwertung und inneren Stabilisierung des NS-Regimes bei. Insbesondere katholische Vereine und zahlreiche Priester wahrten jedoch ihre innere Distanz zum Nationalsozialismus und zahlreiche von ihnen mussten dies mit ihrem Leben bezahlen. Einige Bischöfe (z. B. Clemens August Graf von Galen) oder Kardinal Bertram, von evangelischer Seite Bischof Bodelschwingh, protestierten öffentlich gegen die mörderischen ▶ Euthanasiemaßnahmen und bewirkten zumindest deren vorübergehende Einstellung.
Daneben gab es „bürgerliche" Widerstandsgruppen, die sich von christlich-humanitären Haltungen leiten ließen. Die Flugblattaktionen der „Weißen Rose" bezahlten ihre Urheber (Hans und Sophie Scholl u. a.) mit dem Leben. Außerdem gab es eine beachtliche Anzahl von Einzelakteuren, die auf ihre Weise Sand ins Getriebe zu streuen versuchten, am spektakulärsten wohl Georg Elser, dessen Bombenanschlag auf Hitler nur deshalb scheiterte, weil dieser 1939 eine Versammlung im Münchner Bürgerbräukeller früher als geplant verließ.
Vergleichsweise spät bildeten sich auch im bürgerlich-konservativen Milieu und in Militärkreisen vereinzelte Widerstandsgruppen, die auch Pläne für eine neue politische (nicht immer demokratische) Ordnung aus-

3 Menschen im Widerstand: v. l. n. r.: Schenk Graf v. Stauffenberg, Helmuth Graf v. Moltke, Georg Elser, Dietrich Bonhoeffer, Sophie und Hans Scholl.

- 1933 1. April: Boykottaktionen gegen jüdische Geschäfte. Juden werden aus dem Berufs- und Wirtschaftsleben gedrängt und aus dem kulturellen Leben ausgeschlossen.
- 1935 Durch die „Nürnberger Gesetze" werden Juden zu Staatsbürgern minderen Rechts erklärt. Eheliche wie außereheliche Beziehungen zwischen Juden und Nichtjuden werden unter Strafe gestellt.
- 1938 Reichspogromnacht vom 9. zum 10. November. Zahlreiche Synagogen und jüdische Geschäfte wie Wohnungen werden verwüstet. Die Juden müssen für die Schäden selbst aufkommen („Reichsbuße" in Höhe von 1 Milliarde Reichsmark.) Weitere Einschränkungen und Reglementierungen des jüdischen Alltagslebens.
- 1939 Unmittelbar nach Kriegsbeginn kommt es zu Erschießungen polnischer Juden. Erste Deportationen im Generalgouvernement Polen. Durch die Euthanasie-Verordnung setzt die Ermordung von geistig behinderten Menschen ein.
- 1941 Juden werden verpflichtet, den Judenstern zu tragen, Verbot der Auswanderung.
- 1942 Die „Wannsee-Konferenz" trifft Maßnahmen zur „Endlösung der Judenfrage", europaweite Massendeportationen u. a. nach Auschwitz, fabrikmäßig organisierte Ermordung u. a. in Gaskammern. Arbeitsfähige Juden werden zur Zwangs- oder Sklavenarbeit gezwungen.
- 1943 April/Mai: Aufstand im Warschauer Ghetto wird von deutschen Einheiten niedergeschlagen.
- 1944 November: Angesichts des Herannahens der Roten Armee werden in Auschwitz Gaskammern und Krematorien gesprengt, die noch lebenden Juden werden zu einem Fußmarsch in Richtung Westen getrieben („Todesmärsche").

4 Entrechtung, Verfolgung Vernichtung

arbeiteten (z. B. ▶Kreisauer Kreis). Der rasche Sieg über Polen sowie die „Blitzkriege" im Westen hatten Hitlers Prestige zumal bei jungen Offizieren ins Unermessliche steigen lassen und dazu geführt, dass sie ihn bedingungslos anerkannten. Ältere Militärs (Generaloberst Ludwig Beck u. a.) hingegen sahen am Horizont die Gefahr des Zweifrontenkrieges und waren von dem ungeheuerlichen Schreckensregiment des Regimes, von der Vertreibung und Ermordung von Künstlern und Intellektuellen und von den eskalierenden antisemitischen Ausschreitungen angewidert. Während des Krieges intensivierten sich die Kontakte zwischen militärischen und zivilen Widerstandsgruppen, eine wichtige Rolle spielten dabei Wilhelm Leuschner sowie Peter Graf Yorck von Wartenburg und Helmuth James Graf von Moltke.

5 Die Rolle der Judenverfolgung

Der Historiker Peter Longerich zum Stellenwert der Judenpolitik:

Wesentlich für die Analyse des Gesamtkomplexes scheint mir zu sein, dass die Ausschließung der Juden von Anfang an für die nationalsozialistische Bewegung zentral war, ja, dass diese Zielsetzung Einzigartigkeit und Besonderheit des Nationalsozialismus als historisches Phänomen ausmacht. Im Kern des Nazi-„Projektes" ging es doch darum, eine rassisch homogene Volksgemeinschaft zu schaffen, in der das deutsche Volk sich quasi selbst verwirklichen sollte. In der Harmonie dieser angestrebten Volksgemeinschaft, so die Auffassung der Nationalsozialisten, ließen sich alle wesentlichen Probleme der Zeit (seien sie außen-, innen-, sozial-, wirtschafts- oder kulturpolitischer Art) lösen. Da die Errichtung einer solchen rassisch homogenen Volksgemeinschaft schon aufgrund der ihr zugrunde liegenden rassistischen Irrlehre nicht möglich war, konnte die auf Reinhaltung der Rasse setzende Politik nur auf eine Weise funktionieren: durch Negativmaßnahmen, durch die Diskriminierung, Entfernung, Ausschaltung und Beseitigung von Fremden, wobei aus historischen Gründen die antijüdischen Maßnahmen den zentralen Stellenwert einnahmen. Im Zuge dieses Ausschaltungsprozesses sollte es der NSDAP gelingen, diejenigen Lebensgebiete unter ihren Einfluss zu bringen, die „entjudet" werden sollten. Damit wurde die antisemitische Politik für die NSDAP zum Schlüssel für die Beherrschung zunächst der deutschen Gesellschaft, später fast ganz Europas. Die antisemitische Ideologie war nicht nur „Weltanschauung", ein Sammelsurium abwegiger Ideen, sondern in ihr war der totale Herrschaftsanspruch des Nationalsozialismus begründet. […]

Die Etappen der Verfolgung hatten – über die katastrophalen Konsequenzen für den jüdischen Lebensbereich hinaus – weit reichende Folgen und nicht kalkulierbare Rückwirkungen ökonomischer, innenpolitischer, außenpolitischer und kulturpolitischer Art. Die Täter bewegten sich weitgehend auf Neuland, sie unternahmen Experimente, verwarfen bereits eingeschlagene Lösungsansätze, sie improvisierten und entwickelten Initiativen, um das übergeordnete Ziel einer Beseitigung der Juden durchzusetzen. Es kam zu Friktionen und Kompetenzkonflikten. […]

Schließlich veränderten sich im Laufe der nur zwölf Jahre währenden NS-Herrschaft die allgemeinen Rahmenbedingungen der rassistischen Politik während des Krieges mit rasender Geschwindigkeit. Die Judenpolitik nahm in verschiedenen Phasen des „Dritten Reiches" sehr unterschiedliche Formen an. Sie wurde aus taktischen Gründen modifiziert, zurückgenommen oder beschleunigt; in kritischen Phasen vollzog sich ihre Entwicklung sprunghaft und in sich selbst dynamisierenden Handlungssequenzen. Diese Entwicklung lässt sich mit einem konventionellen Modell politischer Entscheidungsbildung (Formulierung der politischen Ziele, Entscheidungsbildung, Durchführung der Entscheidung) nicht mehr ausreichend fassen. Die Durchführung der Judenpolitik nahm vielmehr eine solche Dynamik an, dass die Entscheidungsbildung selbst, ja die Formulierung der politischen Vorgaben hiervon erfasst wurden. […]

6 Karikaturen von Kurt Halbritter aus „Adolf Hitlers Mein Kampf, Gezeichnete Erinnerungen an eine große Zeit", Bärmeier und Nickel, Frankfurt 1968

Die abrupten Veränderungen unterworfene, widersprüchlich verlaufende, in komplexen Zusammenhängen eingebundene und vollkommen präzedenzlose Judenpolitik ließ sich nicht mit Hilfe bloßer Befehlsempfänger durchführen, sondern es bedurfte solcher Akteure, die Eigeninitiative entwickelten und intuitiv verstanden, was die Führung von ihnen wollte. Charakteristisch für die Judenpolitik sind große Handlungsspielräume der ausführenden Organe. Dieses System konnte nur funktionieren, wenn die Judenpolitik in ihren wichtigsten Aspekten unter den beteiligten Akteuren konsensfähig war. Sie konnte aber auch nur dann funktionieren, wenn sie zumindest von einem Teil der Bevölkerung, der aktiven Anhängerschaft des Nationalsozialismus, aktiv unterstützt wurde. Es war daher notwendig, Mittel und Ziele der Judenpolitik beständig, in unterschiedlichen Abstufungen der Offenheit, zu kommunizieren. Die Judenpolitik wurde – wenn auch häufig in verdeckter Form – öffentlich propagiert, debattiert und legitimiert. Gerade in der letzten Phase der Judenpolitik, in der Phase der „Endlösung", entstand eine sehr schwer nachzuvollziehende Ambivalenz zwischen Geheimhaltung und Propagierung.

Peter Longerich: Tendenzen und Perspektiven der Täterforschung. Ein Essay. In: Aus Politik und Zeitgeschichte 14–15/2007, S. 4–5.

7 **André François-Poncet** war zwischen 1931 und 1939 französischer Botschafter in Berlin und wurde 1940 nach der Niederlage Frankreichs interniert. 1938 nahm er mit Édouard Daladier an der Konferenz von München teil. Nach dem Krieg wurde er Hoher Kommissar der Alliierten und später französischer Botschafter in Bonn.

8 Erinnerungen des französischen Botschafters in Berlin, André François-Poncet, an die Eskalation des rassistischen Antisemitismus 1933

Die Nazis selbst haben übrigens nicht erst die Machtergreifung durch den Führer abgewartet, um die Israeliten zu belästigen; es ist seit langem schon eine ihrer bevorzugten Belustigungen […] „Juda verrecke!" ist schon lange ihr Schlachtruf. Nach dem 30. Januar haben sie jede Rücksicht fallen lassen. Die Verfolgung trägt nun legalen Charakter. Sie nimmt einen solchen Umfang und so gehässige Formen an, dass das Ausland empört ist und laut seine Missbilligung äußert. Nichts jedoch bringt die Nazis mehr auf als der Tadel des Auslandes. Ihr Fanatismus empört sich darüber, dass man sie zu kritisieren wagt. Es bedeutet in ihren Augen eine Beeinträchtigung der Staatshoheit, eine unmögliche Einmischung in die inneren Angelegenheiten des Reiches. Sie beschuldigen die Juden, die öffentliche Meinung des Auslandes gegen sie aufzuhetzen, die Anstifter dieser Protestbewegung zu sein. So werden aus Verfolgten Verfolger. Es ist das Reich, das in seinem Nazitum bedroht und in die Verteidigung gedrängt ist! Gegenmaßnahmen müssen ergriffen werden. Die Haltung der Juden verdient Strafe und Rache. Mit Zustimmung der Behörden wird ein Ausschuss unter der Leitung des üblen Streicher gebildet, um für den 1. April eine große Boykottaktion durchzuführen. Am festgesetzten Tag ziehen SA-Kolonnen durch die ganze Stadt, halten die Juden an und verprügeln sie. Sie dringen in die besuchtesten Cafés und Restaurants am Kurfürstendamm ein und jagen die jüdischen Gäste mit Prügeln hinaus. Miliztruppen stellen sich am Eingang der Geschäfte auf, kleben kleine Plakate auf die Schaufenster: „Jüdisches Geschäft! Hier kaufen keine Deutschen!" und hindern die Leute am Eintreten. In den Geschäften selbst werden die Besitzer krumm und lahm geschlagen, ihre Waren werden geplündert, und unter Androhung weiterer Schläge erpresst man ihnen Geld. So geht es den ganzen Tag. Die Wirkung ist schlimm. Im Ausland erhebt sich eine solche Entrüstung, dass die vernünftigen Mitglieder der Regierung sich beunruhigt zeigen, auf die alarmierenden Berichte der diplomatischen Vertreter hinweisen und auch eingreifen, um diese unerhörten Geschehnisse zu unterbinden. Tatsächlich werden der öffentliche Boykott und die Erpressung auf offener Straße eingestellt. Der Rückzug wird bemäntelt, indem man laut verkündet, dass die Lektion Früchte getragen habe. Aber die Verfolgung wird nur auf etwas heimlichere Weise fortgesetzt.

In Wirklichkeit wird sie nie aufhören. Sie gehört zum Wesen des Nationalsozialismus. Alle privaten Unternehmungen in Handel und Industrie, die Banken, Theater, Lichtspielhäuser, die Restaurants, Buchhandlungen, Verlagshäuser, die wissenschaftlichen Gesellschaften, Akademien und Musikkapellen werden gezwungen, die leitenden Persönlichkeiten, die Mitglieder und Mitarbeiter, sofern sie Juden sind, fallen zu lassen. Die Ärzteschaft, die Rechtsanwaltskammer werden auf gleiche Weise gesäubert. Durch Gesetz vom 7. April, das in die neue Beamtenordnung die Arierklausel einfügt, verlieren alle Beamten, die einen Juden oder eine Jüdin unter ihren Voreltern haben, ihre Posten. Die Ahnenforschung ist an der Tagesordnung, und die arische Großmutter wird – wie jene, die noch den Mut zum Lächeln haben, sagen – zum begehrtesten Artikel. Das Beamtentum, die Universitäten, die verschiedenen Zweige des Unterrichtswesens entgehen den Folgen dieser unerbittlichen Verordnung nicht. Die israelitischen Studenten werden nur noch zu einem geringen Prozentsatz an den Universitäten zugelassen. Tausende von Juden werden die Existenzmittel entzogen. Anfangs ließ man sie noch ins Ausland gehen, bald jedoch verweigert man ihnen die Pässe und beschlagnahmt ihr Vermögen, man hält sie gezwungenermaßen in einer Gesellschaft zurück, die ihnen das Leben unmöglich macht.

André François-Poncet: Als Botschafter in Berlin 1931–1938. Mainz 1949, S. 124f.

9 **Alte Frau und Kinder aus Ungarn in Auschwitz.** Das Foto wurde bei einem SS-Mann, der wahrscheinlich im „Erkennungsdienst" tätig war, gefunden.

10 Der amerikanische Journalist William L. Shirer über den Umgang mit Juden in Wien 1938

Wien, 22. März. In den Straßen heute Gruppen von Juden, die, auf Händen und Knien rutschend, Schuschnigg-Parolen von den Bürgersteigen entfernen mussten, unter dem Zwang johlender SA-Leute und verhöhnt von der Menge ringsum. Zahlreiche Juden begehen Selbstmord. Viele Berichte über den Sadismus der Nazis; was die Österreicher betrifft, so überrascht mich das. Jüdische Männer und Frauen müssen Latrinen reinigen. Hunderte von ihnen werden wahllos in den Straßen aufgegriffen, um die Toiletten der Nazikerle zu säubern. Die Glücklicheren kommen mit dem Reinigen von Autos davon – den Tausenden von Wagen, die man Juden und „Feinden" des Regimes gestohlen hat. Die Frau eines Diplomaten, Jüdin, erzählte mir heute, dass sie es nicht wagt auszugehen, aus Angst davor, aufgegriffen und zum „Schrubben" gezwungen zu werden.

Wien, 25. März. Ging heute mit Gillie zur Synagoge in der Seitenstättengasse, die auch das Domzil der Jüdischen Kultusgemeinde gewesen ist. Man hat uns erzählt, dass die Juden dort gezwungen werden, mit den heiligen Gebetsriemen, den Tefillin, die Toiletten zu säubern. Doch die SS-Wachen verweigerten uns den Eintritt. Durch die Tür konnten wir sehen, wie drin pfeiferauchende Nazis herumlungerten. Auf unserem Weg zu einem kleinen italienischen Restaurant hinter der Kathedrale hatte Gillie eine Auseinandersetzung mit einigen SA-Leuten, die ihn für einen Juden hielten, obwohl er ein waschechter Schotte ist. Sehr ärgerlich, und wir ertränkten unseren Zorn in Chianti.

William L. Shirer: Berliner Tagebuch. Aufzeichnungen eines Auslandkorrespondenten 1934–1941. Leipzig 1995, S. 92f. Übers. Jürgen Schebera.

12 „Radikalisierung von unten" – das Beispiel Hannover

Bei dieser Stadtverwaltung handelte es sich um eine traditionelle Verwaltung, in der bis 1937 der konservative Oberbürgermeister Arthur Menge das Selbstverständnis der meisten Beamten prägte. Er war seit 1925 im Amt und trat nie in die NSDAP ein. Während in den meisten Kommunen die Oberbürgermeister rasch ausgetauscht wurden, stand Menge in Hannover – ähnlich wie Carl Friedrich Goerdeler in Leipzig – auch nach 1933 für Kontinuität. Das Verhältnis der Kommunalverwaltung zur NSDAP war denkbar schlecht, so dass Menge 1937 als Oberbürgermeister nicht wieder antreten durfte. Doch auch mit seinem Nachfolger, einem Parteimitglied, war die NSDAP unzufrieden, so dass er vorzeitig gehen musste. Im November 1941 schrieb die Gauleitung an das Hauptamt für Kommunalpolitik: „Ich hoffe zuversichtlich, dass die vom Gauleiter eingeleiteten Schritte eine Erneuerung der Stadtverwaltung an Haupt und Gliedern und damit auch die Schaffung eines Vertrauensverhältnisses zwischen Partei und Stadtverwaltung zur Folge haben werden, das hier leider noch niemals bestanden hat."

11 **Wien 1938:** Jüdische Frauen und Männer werden gezwungen, die Straße zu scheuern.

Trotz habitueller Distanz zur NSDAP und konservativem Selbstverständnis – auf dem Feld der Verfolgungspolitik war die Stadtverwaltung Hannover kein Sonderfall. Sie gleicht einem Mikrokosmos des Regimes, in dem beobachtet werden kann, wie sich das Deutsche Reich nach 1933 vom Rechtsstaat zu einem „Doppelstaat" (Ernst Fraenkel) veränderte. Grundsätzlich handelten die städtischen Mitarbeiter nach 1933 auf der Basis des überkommenen Normenstaates weiter: Sie führten Grundbücher, erhoben Steuern, schlossen Verträge ab und beachteten das gültige Verwaltungsregelwerk. Daneben setzten sie aber auch Maßnahmen um, die das traditionelle Regelwerk und den Gleichheitssatz der Weimarer Reichsverfassung außer Kraft setzten. Dazu drei Beispiele.

Erb- und Rassenpflege: Auf der Basis der zentralen, reichsweit gültigen Erb- und Rassengesetzgebung gründete die Stadtverwaltung Hannover 1935 ein Gesundheitsamt und eröffnete dort eine Abteilung Erb- und Rassenpflege. Das Gesundheitsamt richtete seine Tätigkeit nach erb- und rassepflegerischen Gesichtspunkten aus, stellte über 2100 Sterilisationsanträge, nahm Tausende von Ehegesundheitsuntersuchungen vor und erfasste über ein Viertel der Stadtbevölkerung in einer Erbkartei. Das Amt setzte die vorgegebenen Unrechtsnormen unnachgiebig um. Der verantwortliche „Erbarzt" ging dabei so radikal vor, dass er vom Regierungspräsidenten strafversetzt wurde. Die NSDAP-Gauleitung erwog sogar, die Geheime Staatspolizei auf den Mediziner anzusetzen – wohlgemerkt: nicht wegen regimekritischen Verhaltens, sondern wegen Übererfüllung auf dem Gebiet der Eugenik. Dabei stand das Personal der Abteilung Erb- und Rassenpflege mit wenigen Ausnahmen der NSDAP mit formaler Distanz gegenüber. Trotzdem wurde die Erb- und Rassengesetzgebung in Hannover von allen Beteiligten im einvernehmlichen Handeln umgesetzt. Auf der Handlungsebene gab es keine dualistischen Tendenzen zwischen Parteimitgliedern und Nicht-Nationalsozialisten. Der Großteil der Sterilisierungen wurde während der Amtszeit des nicht-nationalsozialistischen Oberbürgermeisters Menge vorgenommen – es gibt keine Hinweise, dass Menge den eugenischen Maßnahmen kritisch gegenüberstand.

Judenverfolgung: In allen Phasen des Dritten Reichs spielte die Stadtverwaltung Hannover bei der Judenverfolgung eine aktive Rolle. Die Diskriminierungen betrafen immer weitere Lebensbereiche der jüdischen Einwohner und reichten vom Verbot des Betretens der Markthalle bis hin zu separaten Öffnungszeiten für Juden in städtischen Ämtern. Bereits kurz nach der Machtübertragung stieß die Kommune Aktionen an, die durch keine zentralen Vorgaben gedeckt waren: Sie änderte Straßennamen, verbannte Bücher jüdischer Autoren aus der Stadtbibliothek und gab jüdischen Unternehmern keine öffentlichen Aufträge mehr. Um jüdische Händler von Märkten und jüdische Sportler aus den Vereinen auszuschließen, nahm die Kommune sogar Konflikte mit den Aufsichtsbehörden in Kauf, die eine Radikalisierung untersagten. Oft genügten einzelne Beschwerden aus der Bevölkerung, um eine neue Diskriminierungsmaßnahme anzustoßen. Zunehmend koordinierte der Deutsche Gemeindetag die Judenpolitik in allen Kommunen des Reiches.

Nach dem Judenpogrom im November 1938 separierten die Kommunen die Juden in der Fürsorge und im Wohnbereich von der übrigen Bevölkerung. Außerdem wurden sie zur Abgabe sämtlicher Gold- und Silbergegenstände gezwungen. Wie überall im Reich war es auch in Hannover die Stadtverwaltung, die die Juden dazu ins städtische Leihamt bestellte. Doch sie beließ es nicht bei der Durchführung des staatlichen Raubes, sondern versuchte darüber hinaus, zu profitieren: Oberbürgermeister Henricus Haltenhoff, Menges Nachfolger, kaufte 1940 zu günstigen Preisen Gegenstände aus dem beschlagnahmten Gut an, um das Ratssilber um 142 Stücke zu ergänzen. Die Kommune betrieb eine eigenständige „Arisierungspolitik": Sie erwarb zwischen 1933 und 1945 zu unlauteren Bedingungen über hundert bebaute und unbebaute Grundstücke von Juden, wofür sie knapp drei Millionen RM ausgab. Sie nutzte die Notlage wohlhabender jüdischer Einwohner aus, um Kunstsammlungen in städtische Museen zu überführen und eine Privatbibliothek in das Magazin der Stadtbibliothek einzugliedern. Mit den freiwilligen Kaufgeschäften dokumentierte sie indirekt ihre zustimmende Haltung zur Verfolgungspolitik. Die spektakulärste Radikalisierung durch die Stadtverwaltung geschah im September 1941, als die Kommune auf Druck der NSDAP-Gauleitung die noch nicht zusammengefassten Juden gewaltsam aus ihren Häusern trieb und in „Judenhäusern" einquartierte: Ohne rechtstechnische Grundlage „verwertete" die Stadtverwaltung das beschlagnahmte Mobiliar und wurde dafür von der zuständigen Oberfinanzdirektion gerügt.

Zwangsarbeiter und Kriegsgefangene: Zur Aufrechterhaltung der Infrastruktur während des Bombenkrieges nutzten die Stadtverwaltungen die Möglichkeit, Zwangsarbeiter und Kriegsgefangene einzusetzen. Allein die Stadtverwaltung Hannover betrieb zeitweise 22 Lager und beschäftigte zu Spitzenzeiten bis zu 9000 Kriegsgefangene und Zwangsarbeiter. Annette Schäfer kommt zu dem Ergebnis, dass die Kommunen bei der Zwangsarbeiterbeschäftigung „in der Regel nüchternem Interessenkalkül" folgten, auch wenn Entscheidungen „im Einzelfall auf der Grundlage rassenideologischer Kriterien" gefällt wurden. Das gilt auch für Hannover: Der Wunsch nach Beschäftigung von Kriegsgefangenen und Zwangsarbeitern entsprang dem städtischen Interesse, die umfangreichen Arbeiten trotz Personalmangels zu bewältigen. Aus diesem Grund drang die Stadtverwaltung bei übergeordneten Stellen auf die Zuweisung neuer Arbeiter und verschärfte dadurch das System der Zwangsarbeit. Die Kommunen wirkten als dynamisierende Kraft bei der Zwangsarbeiterbeschäftigung und befürworteten von Anfang an den Arbeitseinsatz sowjetischer Kriegsgefangener, obwohl er innerhalb der NS-Führung aus ideologischen Erwägungen umstritten war.

Für das Funktionieren des lokalen Systems der Zwangsarbeit waren die Stadtverwaltungen unverzichtbar: Sie beschäftigten nicht nur eigene Zwangsarbeiter, sondern die kommunalen Wirtschafts- und Ernährungsämter und die Gesundheitsämter waren für alle Arbeiter und Gefangenen im Stadtgebiet zuständig, also auch für die in der Industrie eingesetzten Kräfte. Die städtischen Desinfektionsanstalten entlausten in großer Zahl Gefangene, die sich „auf Transport" befanden. Die Stadtbauräte waren als „Leiter der Sofortmaßnahmen" nach Bombenangriffen zentrale Figuren beim Kriegsgefangeneneinsatz, ihre Kompetenzen reichten weit über den Bereich der Stadtverwaltungen hinaus. Solange ihre Interessen gewahrt blieben, übernahmen die Stadtverwaltungen diese Tätigkeiten ohne Protest. Allerdings zeigten sie kein Interesse an Maßnahmen, die sich für sie nicht auszahlten. So wehrte sich

14 Karikatur von Kurt Halbritter, 1968:
„Ich glaube nicht, dass unser Herrgott etwas gegen den deutschen Gruß einzuwenden hat."

die Stadtverwaltung Hannover dagegen, Tausende von Gefangenen aus den Durchgangslagern zu entlausen, die nicht im Stadtgebiet verblieben. Sie hatte auch kein Interesse daran, zur langfristigen Eindämmung „volksbiologischer Gefahren" Bordelle für Ausländer einzurichten. Die Behandlung der Ausländer folgte einem rassenideologisch ausgerichteten Regelwerk, das von unterschiedlichen Verpflegungs- und Versorgungssätzen bis zur Separierung von Kranken nach Rassenzugehörigkeit reichte. Die städtischen Kriegsgefangenen und Zwangsarbeiter wurden zu gefährlichen Arbeiten, etwa zur Entschärfung von Bomben, eingeteilt. Stadtverwaltungen wie Köln kooperierten zu diesem Zweck sogar mit der SS, um KZ-Häftlinge dafür zu rekrutieren.

Rüdiger Fleiter: Kommunen und NS-Verfolgungspolitik. In: Aus Politik und Zeitgeschichte 14–15/2007, S. 37 ff.

13 Lager in Niedersachsen
Es sind nicht alle Außenlager erfasst.

Zusammenarbeit von Kirche + Staat!

15 Christen und Nazis Hand in Hand? Die Kirchen zwischen Unterwerfung und Widerstand

a) Aus der Regierungserklärung Adolf Hitlers vom 23. März 1933:

Die nationale Regierung sieht in den beiden christlichen Konfessionen wichtigste Faktoren zur Erhaltung unseres Volkstums. Sie wird die zwischen ihnen und den Ländern abgeschlossenen Verträge respektieren. Ihre Rechte sollen nicht angetastet werden. Sie erwartet aber und hofft, dass die Arbeit an der nationalen und sittlichen Erhebung unseres Volkes, die sich die Regierung zur Aufgabe gestellt hat, umgekehrt die gleiche Würdigung erfährt. Sie wird allen anderen Konfessionen in objektiver Gerechtigkeit gegenübertreten. […] Die nationale Regierung wird in Schule und Erziehung den christlichen Konfessionen den ihnen zukommenden Einfluss einräumen und sicherstellen. Ihre Sorge gilt dem aufrichtigen Zusammenleben von Staat und Kirche. Der Kampf gegen eine materialistische Weltanschauung und für die Herstellung einer wirklichen Volksgemeinschaft dient ebensosehr den Interessen der deutschen Nation wie denen unseres christlichen Glaubens. […] Ebenso legt die Reichsregierung, die im Christentum die unerschütterlichen Fundamente des sittlichen und moralischen Lebens unseres Volkes sieht, den größten Wert darauf, die freundschaftlichen Beziehungen zum Heiligen Stuhl weiter zu pflegen und auszugestalten. […] Die Rechte der Kirche werden nicht geschmälert, ihre Stellung zum Staat nicht geändert.

Zit. nach: Geschichte in Quellen Bd. 5. München 1961, S. 324.

b) Gemeinsamer Hirtenbrief der Oberhirten der Diözesen Deutschlands vom 8. Juni 1933:

1. Wenn wir unsere Zeit mit der vergangenen vergleichen, so finden wir vor allem, dass sich das deutsche Volk noch mehr als bisher auf sein eigenes Wesen besinnt, um dessen Werte und Kräfte zu betonen. Wir deutschen Bischöfe sind weit davon entfernt, dieses nationale Erwachen zu unterschätzen oder gar zu verhindern. Wir erblicken im Gegenteil im Volk und Vaterland herrliche natürliche Güter und in der wohlgeordneten Vaterlandsliebe eine von Gott

Besinnung auf Volk

geschenkte, schöpferische Kraft, die nicht nur die Helden und Propheten des Alten Testamentes, sondern auch den göttlichen Heiland beseelte. […] Denn vom irdischen Vaterland flog immer wieder der christliche Blick zu jenem grenzenlosen Lande jenseits der irdischen Meere, das die letzte und eigentliche Heimat aller Menschenseelen bildet und die beseligende Erfüllung aller Menschensehnsucht bringt. Wir deutschen Katholiken brauchen deswegen auch keine Neueinstellung dem Volk und Vaterland gegenüber, sondern setzen höchstens bewusster und betonter fort, was wir bisher schon als unsere natürliche und christliche Pflicht erkannten und erfüllten. Freilich vergessen wir über unsere Liebe zum Volke und Vaterland die natürliche und christliche Verbundenheit mit den anderen Völkern und Völkerfamilien nicht, sondern denken an das große, weltweite Gottesreich auf Erden, das der Heiland dazu berief, alle Menschen ohne Unterschied der Sprache und der Zeit, der Nation und Rasse erlösend zu erfassen […]

2. Neben der gesteigerten Liebe zum Vaterland und Volk kennzeichnet sich unsere Zeit durch eine überraschend starke Betonung der Autorität und durch die unnachgiebige Forderung der organischen Eingliederung der Einzelnen und der Körperschaften in das Ganze des Staates. Sie geht vom naturrechtlichen Standpunkt aus, dass kein Gemeinwesen ohne Obrigkeit gedeiht, und nur die willige Einfügung in das Volk und die gehorsame Unterordnung unter die rechtmäßige Volksleitung die Wiedererstarkung der Volkskraft und Volksgröße gewährleisten […] Gerade in unserer heiligen, katholischen Kirche kommen Wert und Sinn der Autorität ganz besonders zur Geltung und haben zu jener lückenlosen Geschlossenheit und sieghaften Widerstandskraft geführt, die selbst unsere Gegner bewundern. Es fällt deswegen uns Katholiken auch keineswegs schwer, die neue, starke Betonung der Autorität im deutschen Staatswesen zu würdigen und uns mit jener Bereitschaft ihr zu unterwerfen, die sich nicht nur als eine natürliche Tugend, sondern wiederum als eine übernatürliche kennzeichnet, weil wir in jeder menschlichen Obrigkeit einen Abglanz der göttlichen Herrschaft und eine Teilnahme an der ewigen Autorität Gottes erblicken (Röm. 13,1 ff.). Wir dürfen andererseits erwarten, dass die staatliche Autorität nach dem Vorbild der Autorität innerhalb der katholischen Kirche die menschliche Freiheit nicht mehr beschneide, als es das Gesamtwohl verlangt, sondern sich mit der Gerechtigkeit schmücke, und damit jedem Untertanen das Seine, sei es Eigentum, Ehre oder Freiheit, gebe und lasse […]

3. Auch die Ziele, die die neue Staatsautorität für die Freiheit unseres Volkes erstrebt, müssen wir Katholiken begrüßen. Nach Jahren der Unfreiheit unserer Nation und der Missachtung und schmachvollen Verkürzung unserer völkischen Rechte muss unser deutsches Volk jene Freiheit und jenen Ehrenplatz in der Völkerfamilie wieder erhalten, die ihm auf Grund seiner zahlenmäßigen Größe und seiner kulturellen Veranlagung und Leistung gebühren […]

Zit. nach: Hans Müller (Hg.): Katholische Kirche und Nationalsozialismus. München 1965, S. 152 ff. (Originalausg.: Nymphenburger Verl.-Handl. München 1963)

16 Vaterland als christlicher Wert?

Hirtenbrief des Hildesheimer Bischofs Joseph Godehard Machens Hildesheim, 6. September 1939:

Geliebte Diözesanen!

Ein Krieg ist ausgebrochen, der uns alle, Heimat und Front, Wehrmacht und Zivilbevölkerung, vor die gewaltigsten Aufgaben stellt. Darum rufe ich euch auf: Erfüllt eure Pflicht gegen Führer, Volk und Vaterland! Erfüllt sie, wenn es sein muss, unter Einsatz der ganzen Persönlichkeit! Zugleich ermahne ich euch, erhebt mit mir die Hände zum Vater im Himmel empor und bittet ihn inständig und beharrlich, dass er unser Volk in seinen gnädigen Schutz nehmen, unsere Soldaten, besonders unsere Angehörigen, behüten und segnen und unser geliebtes Vaterland einem glücklichen Frieden entgegenführen möge.

Um Gottes Erbarmen herabzurufen, soll am nächsten Sonntag ein feierliches Bittamt, wie es seit alters zur Zeit des Krieges üblich war, in violetter Bußfarbe in allen Kirchen gehalten werden.

In jeder Woche soll sodann in allen Kirchen einmal eine hl. Messe in besonderer Weise für einen glücklichen Ausgang des Krieges, für unsere Soldaten, für die Gefallenen, für alle vom Kriege hart Betroffenen gefeiert werden. Die Gläubigen bitte ich, an all diesen Gottesdiensten sich zahlreich zu beteiligen. Ich bitte alle, besucht auch sonst die hl. Messe gern und eifrig, nicht bloß an allen Sonn- und Festtagen, – das muss dem Katholiken selbstverständlich sein –, sondern, wenn es möglich ist, auch an Wochentagen, um Gott im Himmel das große Versöhnungsopfer des Neuen Bundes zusammen mit dem Priester am Altare darzubringen.

H. Engfer (Hg.): Das Bistum Hildesheim 1933–1945. Eine Dokumentation. Hildesheim 1971, S. 21 f.

17 Papst Pius XII. (Eugenio Pacelli) spielte während der NS-Herrschaft eine bis heute umstrittene Rolle. In seiner Enzyklika „Mit brennender Sorge“ wandte er sich gegen unmenschliche Verfolgungen. 1933 hatte er als päpstlicher Nuntius das Reichskirchenkonkordat ausgehandelt. Den Antisemitismus verurteilte er nicht klar. Der Schriftsteller Rolf Hochhuth veröffentlichte in den 1960er-Jahren das Stück „Der Stellvertreter“, in dem er dem Papst die Unterstützung der Nationalsozialisten vorwarf. 1999 veröffentlichte der (katholische) Historiker John Cornwell sein Buch „Hitler's Pope“.

18 Der „Kladderadatsch" von 1933 mit einer Karikatur zum Kirchenkonkordat
(Der Priester im Hintergrund ist ein Österreicher.)

19 Die Kirche und der Antisemitismus

Am 17. Dezember 1941 erschien eine Erklärung der nationalkirchlichen evangelischen deutschen Kirchenführer über die kirchliche Stellung evangelischer Juden (unterschrieben von den Landesbischöfen bzw. Landeskirchenpräsidenten von Sachsen, Anhalt, Thüringen, Hessen, Mecklenburg, Schleswig-Holstein und Lübeck) mit folgendem Text:

Die nationalsozialistische deutsche Führung hat mit zahlreichen Dokumenten unwiderleglich bewiesen, dass dieser Krieg in seinen weltweiten Ausmaßen von den Juden angezettelt ist.

Als Glieder der deutschen Volksgemeinschaft stehen die unterzeichneten deutschen Evangelischen Landeskirchen und Kirchenleiter in der Front dieses historischen Abwehrkampfes, der unter anderem die Reichspolizeiverordnung über die Kennzeichnung der Juden als der geborenen Welt- und Reichsfeinde notwendig gemacht hat. Schon Dr. Martin Luther erhob nach bitteren Erfahrungen die Forderung, schärfste Maßnahmen gegen die Juden zu ergreifen und sie aus deutschen Landen auszuweisen. Von der Kreuzigung Christi bis zum heutigen Tage haben die Juden das Christentum bekämpft oder zur Erreichung ihrer eigennützigen Ziele missbraucht oder verfälscht. Durch die christliche Taufe wird an der rassischen Eigenart des Juden, seiner Volkszugehörigkeit und seinem biologischen Sein nichts geändert. Eine deutsche evangelische Kirche hat das religiöse Leben deutscher Volksgenossen zu pflegen und zu fördern. Rassejüdische Christen haben in ihr keinen Raum und kein Recht. Die unterzeichneten deutschen Evangelischen Kirchen und Kirchenleiter haben deshalb jegliche Gemeinschaft mit Judenchristen aufgehoben. Sie sind entschlossen, keinerlei Einflüsse jüdischen Geistes auf das deutsche religiöse und kirchliche Leben zu dulden.

Gerhard Czermak: Christen gegen Juden. Geschichte einer Verfolgung. Von der Antike bis zum Holocaust, von 1945 bis heute. Hamburg 1997, S. 338 f. (Originalausg.: Greno, Nördlingen 1989).

20 Sozialistischer Widerstand

Aus den Anweisungen für das Verhalten im Widerstand („Sozialistische Aktion"), Mai 1936:

2. Die erste Voraussetzung für eine erfolgreiche illegale politische Arbeit ist das Bekenntnis zu vorbehaltloser Schweigsamkeit und bedingungsloser Disziplin in jeder Situation. Viele deiner Vorkämpfer mussten den Weg in den Kerker gehen. Lerne aus ihren Fehlern. Viele traf ihr Schicksal durch die Aufgeschlossenheit ihres Wesens. Auch nur andeutungsweise Bemerkungen, selbst gegenüber Frau und Braut, sind in vielen Fällen der Anfang zur Vernichtung Erfolg versprechender illegaler Arbeit gewesen. Du musst in der politischen Arbeit weitestgehend selbstständig und verschwiegen sein und deine Funktionen und Aufgaben selbst gegenüber Genossen verschweigen, denen du vertraust, die aber an deiner Arbeit nicht unmittelbar beteiligt sind.

3. Du musst in deiner ganzen Lebenshaltung indifferent sein. Wer deine Gepflogenheiten kennt, ist dein Feind. Wenn du über deine Gewohnheiten befragt wirst, so gib deinem Nachbarn eine eindeutige, bestimmt glaubwürdige und logische Erklärung deines Handelns. Du machst dich auch verdächtig, wenn du dich demonstrativ vom Volksgemeinschaftsrummel fern hältst. Besuche die Veranstaltungen im Betrieb, im Haus und in den NS-Organisationen, wenn es dir angetragen wird. Dort bist du Berichterstatter und offenes Ohr deiner illegalen Organisation. […]

4. Kontrolliere ständig deine Wohnung. Gewöhne dich an den Gedanken, dass es kein Versteck gibt, das man nicht findet.

5. Mache keine schriftlichen Aufzeichnungen und lege dir keine Raritätensammlung an. Sie können der Grundstock der Anklageschrift gegen dich sein. Es darf in deiner Wohnung auch keine politische Betätigung geben.

6. Wenn du deine Wohnung verlässt, um dich mit Genossen zu treffen, dann beobachte scharf, ob du verfolgt wirst.

7. Deine Treffpunkte dürfen nicht wiederholt werden. Der illegale politische Kampf und die konspirative Arbeit gestatten keine örtlichen Bindungen. Es gibt auch keine Stammtische von aktiven Genossen.

8. Allen Genossen gegenüber, auch wenn sie dir lange bekannt sind, sei anonym. Wer deine Adresse fordert, ist unsauber. Die Organisation braucht deine Adresse nicht.

9. Achte darauf, dass du nicht fotografiert wirst. Verschenke keine Fotografien: Sie sind immer das Hauptstück zu deinem Steckbrief.

10. In der Öffentlichkeit übersieh deine Genossen. Es gibt keine Versammlung. Zusammenkünfte von mehr als höchstens 4 Personen fallen auf. Treffe dich nicht zweimal oder gar anschließend nach einer Verabredung im gleichen Lokal wieder. […]

11. Politische Rede im Lokal, am Telephon (das du am besten gar nicht benutzt) oder in Deinen Briefen sind strikt zu vermeiden.

Sozialistische Aktion, Mai 1936. Zit. nach: Geschichte in Quellen, Bd. 5. München 1961, S. 345 f.

21 Widerstand der Arbeiterbewegung in Celle?

Aus einer Festschrift zur Geschichte der SPD:

[Einen] organisierten sozialdemokratischen Widerstand hat es in Celle nicht gegeben. Eine offenbar existierende gewerkschaftliche Widerstandsgruppe berichtete später: „Es könnte nun die Frage auftauchen, warum die Widerstandsbewegung der freien Gewerkschaften zu Celle keine engere Fühlung zu der am Ort bestehenden Sozialdemokratie hatte." Diese Funktionäre seien aber so „wenig zuverlässig" gewesen, dass die Widerstandsbewegung „schon in den ersten Jahren der Belastung erledigt gewesen" wäre. Die Richtigkeit dieses Urteils lässt sich nicht überprüfen. Unbezweifelbar aber ist, dass auch die Celler Sozialdemokraten verfangen blieben in ein auf das Legalitätsprinzip festgelegtes Handeln. So beschränkte sich beispielsweise die Gegenwehr gegen die Auflösung der Selbstverwaltungskörperschaften auf die Äußerung von juristischen Bedenken. Die durch die Verbote der sozialdemokratischen Organisationen zerstörte Kommunikationsstruktur ließ viele – besonders ältere – Sozialdemokraten in Passivität verfallen, ohne dass sie unbedingt ihr politisches Bewusstsein aufgaben.

So kam es, dass die 1934 in Celle aufgetauchten Flugblätter fast ausschließlich kommunistischer Herkunft waren. Der Jahresbericht der Polizeidirektion Celle für das Jahr 1933 sah dann auch keine Gefahr mehr für den neuen Staat durch die sozialdemokratische Partei. Begünstigt wurde dieser Tatbestand dadurch, dass die Partei, anders als die KPD, auf eine mögliche Illegalität völlig unzureichend vorbereitet war.

Allerdings war auch der kommunistische Widerstand nicht von Dauer. Schon für 1933 spricht der Jahresbericht der Polizeidirektion von der „völligen Lahmlegung der kommunistischen Bewegung", der dann mit der Verhaftung von weiteren 45 Personen im Oktober 1934 endgültig das Genick gebrochen wurde.

[Es scheint] aber eine Widerstandsgruppe gegeben zu haben, die sich wohl insbesondere aus gewerkschaftlich organisierten SAP-Mitgliedern zusammensetzte.

Im gesamten Reich eigneten sich kleine Gruppen, wie die SAP [Sozialistische Arbeiterpartei Deutschlands] eine war, besser als die auf die Kommunikation mit dem Apparat angewiesenen Arbeiterparteien zum aktiven Widerstand. Ohne Frage erhielten sie dadurch eine „politisch-moralische Bedeutung" gerade auch für die SPD, da viele ihrer Führer nach 1945 Führungspositionen in der Partei einnahmen. Die Celler Widerstandsgruppe, über deren Tätigkeit leider lediglich ein Selbstzeugnis vorliegt, wurde geleitet vom SAP-Mann Karl Wesemann, auch er nach dem Ende des Faschismus ein führendes SPD-Mitglied.

Die SAP-Leute verbreiteten bis 1934 in Celle antifaschistische Materialien, die sie von Radtouren nach Hannover, im Fahrradrahmen versteckt, mitbrachten.

In den folgenden Jahren gelang es, allem Anschein nach, zumindest untereinander, aber auch zu nichtsozialistischen Antifaschisten Verbindungen aufrechtzuerhalten. Nach der Selbstdarstellung der Widerstandsgruppe bestand ihre Tätigkeit schließlich hauptsächlich darin, die „Deutsche Arbeitsfront" zu unterwandern: „In Celle hatte man kurz vor Ausbruch des Krieges Betriebe, besonders handwerklicher Art, in denen von der Existenz der DAF kaum noch die Rede war." Ein großer Teil der Gruppe wurde schließlich zum Kriegsdienst eingezogen, so dass sich die konspirative Tätigkeit von Celle in die Wehrmacht verlagerte. Große Bedeutung scheint die Widerstandsgruppe noch einmal erlangt zu haben, als sie angeblich dazu beitrug, die Stadt vor der Zerstörung zu bewahren.

Eine ganz andere Form der Opposition war der spontane, nicht organisierte Ungehorsam gegenüber den alltäglichen Anforderungen des Faschismus. Und Formen dieses Aufbegehrens hat es auch in Celle gegeben. In einem Fall ist ein solcher Vorgang besonders gut dokumentierbar, da er bis zu einer Anklage führte. Angeklagt wurden die Sozialdemokraten Hermann Müller, Karl Wallis, Georg Schütz und Ludwig Köhler sowie der Kommunist Otto Lenk wegen Hochverrats in den Jahren 1936–38. Alle fünf waren in der Transportgerätefabrik Wille & Sohn in Celle beschäftigt und standen „dem nationalsozialistischen Staat ablehnend gegenüber". Die Staatsanwaltschaft warf ihnen vor, die „Einführung des Deutschen Grußes" zu verweigern, Maßnahmen des Staates oder der NSDAP zu kritisieren und ausländische Sender zu hören. „Durch Flüsterpropaganda versuchten die Angeschuldigten, junge Arbeitskameraden mit marxistischem Ideengut vertraut zu machen." [Müller wurde zu 2 Jahren Haftstrafe im KZ-Sachsenhausen verurteilt.]

Andreas Brundiers: Zur Geschichte der Sozialdemokratie in Celle 1848–1945. In: „Wer weiß, wohin der Taumel am Ende noch führt". 125 Jahre SPD in Celle, hg. vom SPD-Stadtverband Celle. Celle 1994, S. 49–52.

22 Plakat der KPD vor 1933. Hier werden die Sozialdemokraten zum gemeinsamen Kampf gegen die NSDAP aufgerufen. Tatsächlich sah der Parteichef der KPD, Ernst Thälmann, in den Sozialdemokraten Gegner. Zum gemeinsamen Handeln kam es nicht. Thälmann wurde in einem Konzentrationslager ermordet.

23 Desertion – auch eine Form des Widerstands?

Erinnerungen des Soldaten Erwin Lösch an Danzig im März 1945:

Ein paar Tage später ziehen wir durch das mit Menschen und Fahrzeugen vollgestopfte Danzig zurück. Ein schauriges Bild: An den Bäumen längs der Straße hängen deutsche Soldaten – einen Strick um den Hals. Einige sind barfuß, und fast alle haben ein Schild auf der Brust, auf dem etwas von „Feigheit" steht. Nicht wenige haben Auszeichnungen auf der Feldbluse – uns stockt der Atem! Es waren wohl versprengte, umherirrende Soldaten gewesen, die von Streifen der Feldgendarmerie aufgegriffen wurden. Wer da keinen schriftlichen Befehl vorweisen konnte oder eine bekannte Truppeneinheit zum Ziel hatte, galt ab hier als „fahnenflüchtig".

J. Steinhoff, P. Pechel und D. Showalter (Hg.): Deutsche im Zweiten Weltkrieg. Zeitzeugen sprechen. München 1989, S. 550.

24 Saul Friedländer: Beantwortbare und unbeantwortbare Fragen

Eine integrierte Geschichte führt zu vergleichenden Fragestellungen sowie zu allgemeineren Zusammenhängen, die man sonst nur undeutlich wahrnimmt. Ein wichtiges Beispiel könnte die Frage nach der jüdischen Solidarität angesichts der Katastrophe sein. Die deutsche jüdische Führung versuchte Ende 1939 und Anfang 1940, gefährdeten polnischen Juden die Emigration aus dem Reich nach Palästina zu versperren, um alle Auswanderungsmöglichkeiten deutschen Juden vorzubehalten; die alteingesessene französische jüdische Führung (das Consistoire) forderte von der Vichy-Regierung unablässig eine klare Unterscheidung zwischen einheimischen und ausländischen Juden hinsichtlich ihres Status und der ihnen zustehenden Behandlung. Die Judenräte in Polen – insbesondere in Warschau – gestanden Angehörigen der einheimischen Mittelklasse, die sich Bestechungsgelder leisten konnten, ein Bündel von Privilegien zu, während die Armen, die Flüchtlinge aus den Provinzen und die Masse derer, die über keinerlei Einfluss verfügten, zunehmend gezwungen waren, Sklavenarbeit zu verrichten, oder in Hunger und Tod getrieben wurden. Nachdem die Deportationen begonnen hatten, machten ortsansässige Juden in Lodz Front gegen Deportierte aus dem Westen. In Westerbork schützten sich deutsche Juden, die Elite des Lagers, die eng mit den deutschen Kommandanten zusammenarbeitete, damit, dass sie niederländische Juden auf die Abgangslisten setzten, während sich zuvor die niederländische jüdische Elite sicher gefühlt hatte und davon überzeugt gewesen war, dass nur Flüchtlinge (vor allem deutsche Juden) in die inländischen Lager geschickt und dann deportiert werden würden. Der Hass der getauften Juden auf ihre jüdischen Brüder im Warschauer Ghetto ist berüchtigt.

Es sollte jedoch erwähnt werden, dass ungeachtet aller Spannungen weit verbreitete Wohlfahrtsanstrengungen sowie Bildungs- und Kulturaktivitäten in vielen jüdischen Gemeinden allen offen standen. Überdies zeigte sich eine Festigung der Bindungen innerhalb kleiner Gruppen, denen ein bestimmter politischer oder religiöser Hintergrund gemeinsam war. Typische Fälle waren politische Jugendgruppen in den Ghettos, jüdische Pfadfinder in Frankreich und natürlich die eine oder andere Gruppe orthodoxer Juden. Wenn wir uns das große Bild ansehen, können wir zu dem Schluss kommen, dass meist spezifi-

25 Wegen „Kollaboration" erhängter Wehrmachtsoffizier, Wien, April 1945

sche ethnisch-kulturelle, politische oder religiöse Bindungen, die Untergruppen miteinander teilten, Vorrang vor allen Verpflichtungen hatten, die von einer gemeinsamen Jewishness herrührten.

Während Vergleiche, die zum Wesen einer integrierten Geschichte gehören, in einer Reihe von Fällen unsere Wahrnehmung grundsätzlicher Probleme fördern, werfen sie gelegentlich auch Fragen auf, die keine eindeutige Antwort zulassen. So schrieb am 27. Juni 1945 die jüdisch-österreichische Chemikerin Lise Meitner, die 1939 von Deutschland nach Schweden emigriert war, an ihren ehemaligen Kollegen und Freund Otto Hahn, der seine Arbeit im Reich fortgesetzt hatte. Nach der Feststellung, er und die wissenschaftliche Gemeinschaft in Deutschland hätten vieles über die sich verschärfende Verfolgung der Juden gewusst, fuhr Meitner fort: „Ihr habt auch alle für Nazi-Deutschland gearbeitet und habt nie auch nur passiven Widerstand versucht. Gewiss, um Euer Gewissen loszukaufen, habt Ihr hier und da einem bedrängten Menschen geholfen, aber Millionen Unschuldiger hinmorden lassen, und keinerlei Protest wurde laut." Meitners cri de cœur, der an Hahn und damit an die prominentesten Naturwissenschaftler Deutschlands gerichtet war, von denen keiner ein aktives Parteimitglied, keiner in verbrecherische Aktivitäten verwickelt gewesen war, hätte ebensogut der gesamten intellektuellen und geistlichen Elite des Reiches (selbstverständlich mit einigen Ausnahmen) sowie weiten Teilen der Eliten in den besetzten Ländern und den Satellitenstaaten Europas gelten können.

Ein noch beunruhigenderer Aspekt derselben Frage zeichnet sich mit Blick auf die Haltung der christlichen Kirchen ab. In Deutschland hat – wiederum mit Ausnahme weniger, von denen keiner den höheren Rängen der evangelischen oder der katholischen Kirche angehörte – kein protestantischer Bischof, kein katholischer Prälat öffentlich gegen die Vernichtung der Juden protestiert. Als Männer guten Willens wie Bischof Konrad Preysing aus Berlin oder der württembergische Bischof Theophil Wurm, die Stimme der Bekennenden Kirche, angewiesen wurden, ihre Versuche des vertraulichen Protestes einzustellen, fügten sie sich.

Und wenn wir berücksichtigen, dass sich im Allgemeinen – sieht man von begrenzten Protesten in den Niederlanden und von denjenigen mehrerer französischer Bischöfe ab, die in einigen Fällen widerrufen wurden – die deutsche Situation in den meisten Ländern des besetzten Europas wiederholte, dann erhält diese Frage ihr volles Gewicht. Dass keine nennenswerte Anzahl von Persönlichkeiten, die zur intellektuellen oder geistlichen Elite Europas zählten, öffentlich ihre Stimme gegen die Ermordung der Juden erhob, lässt sich leicht verstehen. Dass auf der gesamten europäischen Bühne nicht einmal einige wenige Stimmen in diesem Sinne laut wurden, ist verwirrend. Dass in Deutschland nicht eine einzige Persönlichkeit von Format bereit war, sich zu Wort zu melden, bleibt ebenso wie zahlreiche andere Aspekte dieser Geschichte eine fortwährende Quelle der Fassungslosigkeit.

Saul Friedländer: Eine integrierte Geschichte des Holocaust. In: Aus Politik und Zeitgeschichte 14–15/2007, S. 13f. Übers. Martin Pfeiffer.

26 Saul Friedländer ist einer der angesehensten Forscher über die Shoah. Seine Eltern wurden in Auschwitz ermordet, er selbst überlebte in einem französischen Internat. 2007 wurde er mit dem Preis der Leipziger Buchmesse (Foto) sowie dem Friedenspreis des deutschen Buchhandels für sein Werk „Das Dritte Reich und die Juden, 2. Die Jahre der Vernichtung 1939–1945" ausgezeichnet.

27 Die „Hall of Names" in Yad Vashem, Israel, erinnert an die Opfer der Shoah.

Arbeitsvorschläge

1. Informieren Sie sich - gegebenenfalls arbeitsteilig - über Motive und das Handeln verschiedener Widerstandsgruppen (VT; M 3; M 20 - M 22).
2. Untersuchen Sie anhand der Aussagen von M 5, inwiefern von einer systematischen Planung bei der nationalsozialistischen Judenpolitik gesprochen werden kann. Informieren Sie sich, ob es zu dieser Frage unterschiedliche Meinungen gibt.
3. Untersuchen Sie die Aussagenabsicht der Karikaturen in M 6. Inwiefern treffen sie einen historischen Kern? Erörtern Sie, warum ein Großteil der Bevölkerung diese menschenverachtenden Praktiken einfach hinnahm oder gar akzeptierte. Beziehen Sie dabei auch Ihre Ergebnisse aus Kapitel 2 ein.
4. Fassen Sie zusammen, welche antisemitischen Maßnahmen der französische Botschafter und der amerikanische Journalist beschreiben (M 7 - M 11). Diskutieren Sie, inwiefern die französische oder amerikanische Politik auf diese Erkenntnisse reagiert hat.
5. Untersuchen Sie, warum die Zusammenarbeit der Stadtverwaltung Hannovers, die dem NS distanziert gegenüberstand, mit dem NS-System so reibungslos vonstatten ging (M 12 - M 13).
6. Arbeiten Sie Hitlers Intentionen gegenüber den Kirchen in seiner Rede vom 23.3.1933 (kurz vor dem Ermächtigungsgesetz) heraus (M 15a).
7. Der Hirtenbrief der deutschen Bischöfe vom Juni 1933 wird von manchen als Dokument des Widerstands, von anderen als Dokument der Anpassung und Unterwerfung gelesen. Nehmen Sie dazu Stellung (M 15b).
8. Anpassung oder Widerstand? Diskutieren Sie den Hirtenbrief des Hildesheimer Bischofs (M 16). Vergleichen Sie seine Stellungnahme mit der von evangelischen Kirchenführern.
9. Informieren Sie sich über Papst Pius XII. Veranstalten Sie eine Podiumsdiskussion zu der provozierenden These, er sei „Hitlers Papst" gewesen (M 17 - M 18).
10. Diskutieren Sie die Chancen und Grenzen des Widerstands der Arbeiterbewegung (M 20 - M 22).
11. Fassen Sie Friedländers „beantwortbare und unbeantwortbare Fragen" thesenförmig zusammen (M 24). Erörtern Sie sein Urteil der „Unbeantwortbarkeit" seiner Fragen.

5 Doppelte Ausgrenzung: Emigration und Exil

1 **Conrad Veit** in dem Film „Casablanca" (1942). Veit war ein entschiedener Nazigegner und bereits in Berlin und Hollywood ein angesehener Schauspieler, als er 1933 mit seiner jüdischen Frau nach Amerika auswanderte. Dort erhielt er allerdings – wie hier als „Major Strasser" – hauptsächlich Rollen als NS-Offizier. Viele andere Statisten und Schauspieler in „Casablanca" sind tatsächliche Flüchtlinge, ihr Akzent ist in dem englischen Original deutlich zu hören.

Zwischen 1933 und dem Ende des Dritten Reiches am 8. Mai 1945 emigrierten vermutlich etwa eine halbe Million Menschen aus Deutschland. Unmittelbar während der „Machtergreifung" im Frühjahr 1933 flüchteten vor allem politische Gegner aus Deutschland, allen voran Kommunisten und Sozialdemokraten, denn ihnen drohten unmittelbar Verhaftung, Folter oder Hinrichtung. Daneben flüchteten zahlreiche Künstler, Wissenschaftler, Schriftsteller, Journalisten, aber auch liberale und konservative Politiker sowie Geistliche, die sich vor 1933 dezidiert gegen den Nationalsozialismus gewandt hatten und ganz oben auf den Ausbürgerungslisten der Nazis standen. Später verließen angesichts der eskalierenden, rassistisch motivierten Diskriminierung überwiegend deutsche Juden ihre Heimat.
In der Annahme, dass die nationalsozialistische Herrschaft nur kurz währen würde, flohen sie zunächst in die angrenzenden Nachbarländer Tschechoslowakei, Schweiz, Frankreich, England, Österreich. Die allermeisten mussten sich mit extrem demütigenden Bedingungen durch die Aufnahmeländer und kaum erträglichen materiellen Zwangslagen zurechtfinden. Die extrem restriktiven Aufnahmebedingungen etwa der USA bedeuteten für manchen Flüchtling ein Todesurteil.
Sofern sie nicht resignierten, suchten die Geflüchteten den Kontakt untereinander aufrechtzuerhalten und einen gemeinsamen Widerstand zu organisieren, wobei allerdings nicht selten erst tiefgreifende politisch-ideologische Differenzen allmählich überwunden werden mussten.

Naturwissenschaftler hatten es bisweilen einfacher als Geisteswissenschaftler oder Künstler, im Exil beruflich und politisch Fuß zu fassen. Bedeutende italienische und deutsche Atomphysiker waren z. B. an dem späteren amerikanischen Atomforschungsprogramm und am „Manhattan-Projekt" (Entwicklung der Atombombe) maßgeblich beteiligt. Andere Flüchtlinge saßen, als die Nationalsozialisten die Nachbarländer seit 1939 mit „Blitzkriegen" überzogen, buchstäblich in der Falle, wenn sie nicht das hochbegehrte und extrem knappe Gut eines Visums nach Übersee erhielten. Der weltberühmte Film „Casablanca" mit Humphrey Bogart und Ingrid Bergmann in den Hauptrollen thematisiert diese und andere existenzielle Probleme von Flüchtlingen. Zahlreiche und teilweise sogar weltberühmte geflüchtete Autoren begingen – wie z. B. Walter Benjamin – in ihrer als ausweglos empfundenen psychischen und materiellen Situation im Exil Selbstmord.

Als besonders perfide empfanden es viele Flüchtlinge, dass es nicht einfach nur die Nationalsozialisten gewesen waren, die ihre berufliche und materielle Existenz zerstörten und sie zur Flucht aus der Heimat zwangen, sondern dass die Nazis nicht selten Helfer in dem sozialen, kulturellen und beruflichen Umfeld ihrer Opfer fanden, die sich bereitwillig in den Dienst der nationalsozialistischen Ausgrenzungs- und Verfolgungspolitik stellten. Am Beispiel der Aberkennung von Doktortiteln durch Universitäten wie etwa Göttingen wird deutlich, wie das scheinbare Einhalten einer juristisch „rechtsstaatlichen" Prozedur brutale Inhumanität ermöglichte. Der „Rausch der nationalen Wiedergeburtsversprechungen" eröffnete den Zurückgebliebenen – so der Historiker Weisbrod (s. u.) – eine Aussicht, „dass man in der großen Volksgemeinschaft mitmachen könnte und von der Gewalt selbst verschont bleiben würde. Das war das eigentliche Geheimnis der ‚Machtergreifung': das Versprechen der Ordnung in der selbst verursachten Unordnung, die vermeintlich rechtsförmige Verfolgung der Regime-Gegner bei vollständiger Entrechtung, die Androhung von Gewalt in der Illusion der fortbestehenden bürgerlichen Sekurität."

Aber selbst nach dem 8. Mai 1945 hofften zahlreiche aus politischen oder rassistischen Gründen Verfolgten vergeblich auf eine Rehabilitierung oder Wiedergutmachung. Die Zurückgebliebenen verweigerten sich einer Auseinandersetzung mit dem nationalsozialistischen Regime und mit ihrer Rolle als „schweigender Mehrheit", als Mittäter oder Mitläufer und betrachteten die überlebenden zurückkehrenden Flüchtlinge als „Nestbeschmutzer". Deren Stellen waren zumeist längst neu besetzt. Selbst prominente Künstler oder Wissenschaftler hatten es sehr schwer, in diesem Klima der Ablehnung wieder Anerkennung und einen beruflichen Neuanfang zu finden. Linke Intellektuelle oder Politiker, galten in dem Klima des Antikommunismus, des Kalten Krieges als Störenfriede oder gar als „Vaterlandsverräter". Mit derartigen feindseligen Ressentiments waren zahlreiche geflüchtete Gegner des NS-Regimes konfrontiert. Einige von ihnen – wie z. B. Bertolt Brecht oder der Philosoph Ernst Bloch – zogen es daher vor, sich in der DDR niederzulassen, wo sie bisweilen allerdings auch kritisch beäugt, wenn nicht gar verfolgt wurden, weil sie sich dem stalinistischen Regime verweigerten.

2 Wissenschaftler im Exil

Zu den ersten Flüchtlingen gehörte auch der Philosoph und Publizist Theodor Lessing (1872–1933), der schon früh vor den Nationalsozialisten gewarnt hatte. Wegen seiner scharfen Kritik am damaligen Reichspräsidenten Paul von Hindenburg war Lessing nach heftigen antisemitischen und antirepublikanischen Angriffen schon 1926 von seiner Dozentenstelle an der Technischen Hochschule Hannover beurlaubt worden. Anfang März 1933 flüchtete er mit seiner Frau in die Tschechoslowakei. Lessing wurde am 30. August 1933 in Marienbad Opfer eines nationalsozialistischen Attentats, einen Tag später erlag er im dortigen Krankenhaus seinen Verletzungen.

a) An Albert Einstein schreibt Lessing im April 1933:

Ich bin durch die Vorgänge in Deutschland heimatlos geworden. Für die Nacht vom 4ten auf den 5ten März war ein Pogrom geplant, das zum Glück misslungen ist. In einigen norddeutschen Gemeinden, z. B. in Seesen am Harz und Holzminden, sind furchtbare Misshandlungen geschehen. [...] Mich persönlich betraf von den Vorgängen nur ein Spritzerchen. Mein Haus, an der Peripherie von Hannover gelegen, wurde überfallen und durch Ausgießen beizender und stinkender Tieröle unbewohnbar gemacht. Dann kam Schlag auf Schlag. Die Volkshochschule der Stadt Hannover, eine der blühendsten in Deutschland, seit 14 Jahren von meiner Frau geleitet, wurde uns genommen und sie ohne Gehalt fristlos entlassen. Sodann wurde mir nach 25 Jahren akademischer Lehrarbeit Gehalt und Dozentur entzogen.

Aus: Wolf-Dieter Mechler: Albert Einstein und Theodor Lessing. Parallelen, Berührungen. Hannover 2005, o. S.

b) Kurz vor seinem Tod veröffentlichte Lessing in der Prager Zeitschrift „Die Wahrheit" sein „Vermächtnis für Deutschland":

Wir sind, deutsche Emigranten, unter vielen Leiden und mit schweren Opfern in die Fremde gegangen, haben Heim und Haus verloren und keinerlei Existenzmittel, auch nicht die bescheidensten, retten können. Viele starben dahin, manche enden durch Selbstmord. Der Fall, dass ein Mann wie ich, von über sechzig Jahren, noch einmal seine ganze Existenz umzustellen und von vorne zu beginnen vermag, ist angesichts der furchtbaren Einzelschicksale noch ein Glücksfall. Wir sind gehetztes Freiwild: aber nicht für das Bewusstsein unserer Brüder. In den deutschen Köpfen spukt die Vorstellung, dass wir ein beneidenswertes Emigrantenleben führen, dass wir deutsches Volksvermögen ins Ausland verschleppt haben, und nun gefahrlos die Wahrheit suchen, indes die minder Glücklichen schweigen müssen. [...]
Aus welchen Beweggründen denn kämpfen wir Deutsche im Ausland gegen die Knechtschaft? Aus dem Stolz und aus dem Gram unseres Deutschtums. Soll ich, aus einer Scholle geboren, auf der meine Vorgeschlechter Jahrhunderte lang für die Heimat wirkten, mir plötzlich von brüllenden Horden sagen lassen, was deutsche Heimat sei? Soll ich, der nichts bis zur Vollendung und Meisterschaft gebracht hat als deutsches Denken in deutscher Sprache, mich von ganz barbarischen oder halb gebildeten braunen Jungen belehren lassen, was deutsche Seele sei und deutscher Geist? Was uns angeschieht, das empört uns nicht als Juden, wenigstens nicht nur als Juden, sondern eben auch als Deutsche.

Theodor Lessing: Wortmeldungen eines Unerschrockenen. Publizistik aus drei Jahrzehnten. Leipzig und Weimar 1987, S. 370 f.

3 Theodor Lessing in einer Porträtaufnahme aus den 1920er-Jahren.

4 „... des Tragens eines deutschen akademischen Grades unwürdig"

Die Aberkennung von Doktortiteln an der Georg-August Universität [Göttingen] im „Dritten Reich". Einführungsvortrag zu einer Ausstellung von Prof. Dr. Bernd Weisbrod am 29. Oktober 2004:

Legale Diskriminierung ist ein typisches Kennzeichen des „Unrechtsstaats". Weder offene Verfolgung und Terror noch ideologische Affinitäten und Aufstiegshoffnungen würden allein erklären können, wie groß die Zustimmungsbereitschaft und die Selbstmobilisierung insbesondere der bürgerlichen Funktionseliten im „Dritten Reich" war. Es bedurfte eines Anscheins von Normalität, einer geradezu illusionären Sicherheit in der alltäglichen Willkür, die im Rausch der nationalen Wiedergeburtsversprechungen eine Aussicht eröffnete, dass man in der großen Volksgemeinschaft mitmachen könnte und von der Gewalt selbst verschont bleiben würde. Das war das eigentliche Geheimnis der „Machtergreifung": das Versprechen der Ordnung in der selbst verursachten Unordnung, die vermeintlich rechtsförmige Verfolgung der Regime-Gegner bei vollständiger Entrechtung, die Androhung von Gewalt in der Illusion der fortbestehenden bürgerlichen Sekurität. Das war, wie Theodor W. Adorno gesagt hat, das emotional verständliche, aber regressive Bedürfnis nach dem großen „es wird gesorgt!": „Die Volksgemeinschaft der Ungleichen und Unfreien", so Adorno, „war als Lüge zugleich auch Erfüllung eines alten, freilich von alters her bösen Bürgertraums."
Deshalb ist es so wichtig, dass wir die schleichende und umstandlose Mobilisierung der gesellschaftlichen Ressourcen für das Gewaltsystem seiner scheinbaren Normalität entkleiden, wie wir sie hier an den Verfahren der Aberkennung von Doktorgraden beobachten können. Das NS-System überbot sich geradezu in bürokratie- und rechtsförmigen Verfahren der Herrschaftssicherung, die aber den

Rechtsbruch nicht zu vertuschen vermochten. Da half auch die in Gesetzesform gegossene Parole Carl Schmitts von der „putativen Staatsnotwehr“ nichts, der nach den Staatsmorden des sogenannten „Röhm-Putsches“ im Juni 1934 erklärt hat: „Der Führer schützt das Recht!“ Tatsächlich aber meldeten die Regierungspräsidenten und Polizeistellen überall im Lande eine große Zustimmungsbereitschaft, geradezu ein Aufatmen der Bevölkerung angesichts dieses Gewaltexzesses, um – so das klassische Element der gesteuerten Angstabwehr – „Schlimmeres“ zu verhüten. [...] Der Selbst-Gleichschaltung der Universität und der Säuberung des Lehrkörpers hat das gewiss keinen Abbruch getan, zumal sich genug Kollegen fanden, wie der Althistoriker Ulrich Kahrstedt, der die Säuberungsaktionen offen verteidigte. Demonstrative Verbrechen wie die Staatsmorde beim sogenannten „Röhm-Putsch“ oder die politische Instrumentalisierung rechtsförmiger Verfahren wie bei der Verfolgungspraxis des Berufsbeamtengesetz müssen als Hintergrund bedacht werden, wenn wir heute die „Normalität“ eines – wenn Sie so wollen – „minderen“ Verfolgungsaktes betrachten, der sich "nur" in der Aberkennung von Doktorgraden durch die Universitäten niederschlug.

Tatsächlich handelte es sich dabei in der Regel lediglich um eine Fortsetzung anderer Verfolgungsmaßnahmen mit anderen, scheinbar bürokratischen und rechtsförmigen Mitteln. Von den 72 identifizierbaren Opfern in Göttinger Aberkennungsfällen – sieben weitere Fälle konnten nicht einwandfrei geklärt werden – hatten etwas mehr als Hälfte ihre Titel in Folge ihrer erzwungenen Auswanderung und des daraus folgenden Verlustes der Staatsbürgerschaft verloren. Unter das Ausbürgerungsgesetz fielen aber nicht nur prominente Vertreter der Wissenschaft, deren Fälle Sie auch in der Ausstellung wiederfinden werden, wie die Nobelpreisträger Max Born oder Ludwig Quidde, der noch mit 75 Jahren 1933 in die Schweiz floh. Die vielen kleinen Unbekannten bestimmten den universitären Alltag der Titelaberkennungen. Das „Gesetz über den Widerruf von Einbürgerungen und die Aberkennung der deutschen Staatsbürgerschaft“ vom Juli 1933 bildete hier zwar die juristisch einwandfreie Grundlage, sanktionierte aber eine völkerrechtswidrige Ausbürgerungspraxis, die von Göring als eine Art „mittelalterlicher Reichsacht“ verstanden wurde. Auf dieser Grundlage konnte dann 1936 bei „Nichtariern“ neben dem Doktortitel auch gleich noch der Titel eines Professors oder Privatdozenten eingezogen werden. [...] Umso auffallender ist die Zurückhaltung, mit der in der Nachkriegszeit Göttinger Entpromovierte in Einzelfällen rehabilitiert wurden. Jedenfalls hat die Universität, wie am Schluss der Ausstellung dokumentiert ist, aus eigenen Stücken lange nichts unternommen, um das Unrecht systematisch aufzuklären, obwohl ein niedersächsischer Erlass vom April 1947 die Universität dazu ausdrücklich ermächtigte. Auf Ersuchen von außen hat sie aber wohlwollend reagiert – in Fällen von Emigranten mehr, in Fällen von Strafverurteilten deutlich weniger – oft in Einzelfällen einfach nur durch Erneuerung der Doktordiplome, um der leidigen Frage der formal weiter bestehenden Rechtsgültigkeit der Aberkennungen zu entgehen. Ansonsten verließ man sich auch in solchen Fällen, in denen rechtmäßig aberkannte Doktortitel einfach wieder geführt wurden, auf den „Nachkriegskonsens des Beschweigens“, der aber als stille Rehabilitation der Universität, nicht der Verfolgten gedacht war.

http://www.uni-goettingen.de/de/sh/text/19168.html (02.08.2007)

5 Auch nach 1945 unerwünscht

Der Biograf und Historiker Herman Kurzke zu der Situation des aus dem amerikanischen Exil zurückkehrenden Thomas Mann:

In den Westzonen lagen die offiziellen Interessen umgekehrt. Thomas Mann paßte nicht in den mehrheitlichen Erwartungshorizont. Kulturell zur Herrschaft gekommen war nicht das Exil, sondern die mit opportunistischen ehemaligen Nazis durchmischte ehemalige innere Emigration. Diese suchte Bestätigung für ihr Drinnengebliebensein und konnte sie bei Thomas Mann nicht finden. Die aggressive Scham der Deutschen über ihre unweigerliche Mittäterschaft wollte verstanden und gebilligt werden, fand aber bei Thomas Mann nur scharfe Ablehnung. Eine Signalwirkung hatte hier Thomas Manns Streit mit der inneren Emigration 1945/46, als man sich gegenseitig vorwarf, es sich bequem gemacht zu haben. Dem Exilanten wurde die moralisch bessere Position abgesprochen: von den Logen- und Parterreplätzen des Auslands die deutsche Katastrophe betrachtet zu haben, war das höhnische Licht, in das man ihn stellte. Er fühlte sich nicht willkommen und wollte nicht nach Deutschland zurück. Seine politischen Äußerungen verlangten gebieterisch Schuldanerkenntnis und verweigerten dezidiert jene Bestätigung, die im Erwartungshorizont der geschundenen Deutschen die erste Geige spielen wollte. Seinen unbestreitbaren Haß auf das faschistische und das nach 1945 faschistoid gebliebene Deutschland mußten allein die Westzonen auf sich beziehen, während die Ostzone sich als Staat fühlen durfte, der die Umkehr geleistet und den Faschismus überwunden hatte. Im Westen aber galt Thomas Mann noch zwanzig Jahre nach dem Krieg weiten Kreisen als Vaterlandsverräter. Viele hielten ihn für einen Juden, viele für einen blutlosen Asphaltliteraten. Der nationalsozialistische Vernichtungsfeldzug gegen ihn war äußerst erfolgreich gewesen, zumal er auf älteren Urteilen über den kalten, lieblosen Macher aufbauen konnte.

Hermann Kurzke. In: literaturkritik.de, Nr. 8, August 2005, Schwerpunkt: Zum 50. Todestag Thomas Manns, Essays. http://www.literaturkritik.de/public/rezension.php?rez_id=8409 (in alter Rechtschreibung)

6 Begrüßung von Thomas Mann 1955 bei seinem Besuch in Weimar (rechts: Kulturminister der DDR, Johannes R. Becher)

7 **Die Dichterin Mascha Kaléko**

Mascha Kaléko (eigentlich Golda Malka Aufen, 1907–1975) stammte aus Galizien, das vor dem Ersten Weltkrieg zu Österreich-Ungarn gehörte. 1914 übersiedelte das Mädchen mit ihren Eltern nach Deutschland, zunächst nach Frankfurt am Main, später nach Marburg und schließlich nach Berlin. Ende der 1920er-Jahre wurde Mascha Kaléko mit ersten Gedichten bekannt, in denen sie ironisch-heiter, aber auch romantisch-melancholisch die großstädtische Atmosphäre jener Zeit einfängt. Die Nationalsozialisten verbrannten ihr im Januar 1933 erschienenes, sehr erfolgreiches „Lyrisches Stenogrammheft". Mascha Kaléko emigrierte 1938 in die USA. An ihre literarischen Erfolge in Deutschland konnte sie dort nicht mehr anknüpfen. Nur mühsam gelang es ihr, sich und ihre Familie mit Gelegenheits- und Werbetexten über Wasser zu halten. Später wanderte sie nach Israel aus und starb 1975 während eines Aufenthaltes in der Schweiz.

1945 engagierte sich Mascha Kaléko im „Progressive Literary Club" in New York, dessen Aufgabe es war, die deutsche Exilliteratur zu fördern und zu bewahren. Im gleichen Jahr entstand das Gedicht „Im Exil", das als „Emigranten-Monolog" bekannt wurde. Darin beschreibt sie, in Anlehnung an Heinrich Heine, ihre bitteren Gefühle als deutsche Exilantin:

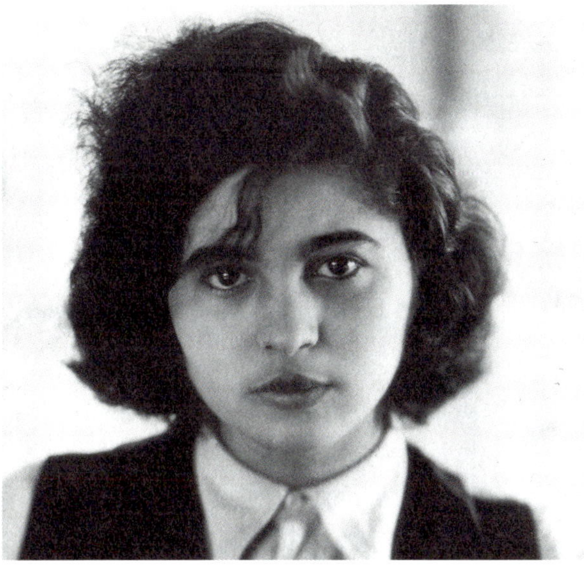

8 **Mascha Kaléko** in einer Porträtaufnahme von 1932 in Deutschland, kurz vor ihrer Veröffentlichung des „Lyrischen Stenogrammheftes"

Im Exil

Ich hatte einst ein schönes Vaterland –
so sang schon der Refugié Heine.
Das seine stand am Rheine,
das meine auf märkischem Sand.

Wir alle hatten einst ein (siehe oben!).
Das fraß die Pest, das ist im Sturz zerstoben.
O Röslein auf der Heide,
dich brach die Kraftdurchfreude.

Die Nachtigallen wurden stumm,
sahn sich nach sicherm Wohnsitz um,
und nur die Geier schreien
hoch über Gräberreihen.

Das wird nie wieder, wie es war,
wenn es auch anders wird.
Auch, wenn das liebe Glöcklein tönt,
auch wenn kein Schwert mehr klirrt.

Mir ist zuweilen so, als ob
das Herz in mir zerbrach.
Ich habe manchmal Heimweh.
Ich weiß nur nicht, wonach.

Aus: Mascha Kaléko: Die paar leuchtenden Jahre. München 2006 (5. Aufl.), S. 33.

Arbeitsvorschläge

1. Stellen Sie wichtige Emigrationsgründe zusammen.
2. Stellen Sie die Orte und Länder zusammen, in denen sich prominente Flüchtlinge wie z. B. Brecht aufgehalten hatten.
3. Informieren Sie sich über die Biografie von Lessing und setzen Sie die Anfeindungen gegen ihn in der Weimarer Republik in eine Beziehung zu den gegen ihn gerichteten Maßnahmen der Nationalsozialisten (M 2; M 3).
4. Verfassen Sie einen Essay oder einen Zeitungsartikel zu den Motiven und den Folgen der Aberkennung von Doktortiteln der Universität Göttingen (M 4).
5. Analysieren Sie das Gedicht von Kaléko. Welche Gefühle einer Exilantin hebt sie hervor? Warum nimmt sie in dem Gedicht inhaltlich und formal Bezug auf Heine (M 7; M 8)?
6. Überlegen Sie, warum nach 1945 die zurückkehrenden Exilanten den in der Heimat Verbliebenen als Provokation galten (M 5). Erkunden Sie in ihrem Umfeld, wie rückkehrende Flüchtlinge auf- und wahrgenommen wurden.
7. In der historischen Forschung werden die Emigranten gelegentlich als „Geschenk Hitlers" an die jeweiligen Aufnahmeländer bezeichnet. Nehmen Sie dazu Stellung.
8. Welche Bezüge (oder auch Differenzen) zum aktuellen Thema „Migration" sind hier erkennbar?

6 Faschismus in Europa

1 **Demokratische, autoritäre und faschistische Regime in Europa im 20. Jahrhundert**

6.1 Faschismus und autoritäre Regime – Abgrenzungen

Inwiefern unterscheidet sich ein nationalsozialistisches bzw. faschistisches System von traditionellen Diktaturen oder autoritären Regimen?

Der amerikanische Historiker Robert Paxton meint hierzu, dass der faschistische Staat seine Bürger nicht einfach nur wie in autoritären Systemen zum Schweigen bringen will, sondern eine Technik entwickelt hat, die Leidenschaften der Menschen in den Aufbau einer zwangsweisen inneren Einheit, basierend auf Projekten der inneren Säuberung und äußeren Expansion, zu richten. „Wir sollten" – so Paxton – „den Begriff ‚Faschismus' nicht auf prädemokratische Diktaturen anwenden. Bei aller Grausamkeit fehlt es ihnen doch an dem manipulierten Massenenthusiasmus und der dämonischen Energie des Faschismus, der einhergeht mit der Mission, ‚freie Institutionen aufzugeben' im Namen einer nationalen Einheit, Reinheit und Stärke."

Während faschistische Systeme immer militaristisch sind, Waffen und Uniformen hochschätzen sowie eine militärische Expansion anstreben, müssen Militärdiktaturen nicht zwangsläufig faschistisch sein. Militärdiktaturen wagen es nicht so ohne Weiteres, eine öffentliche Erregung zu entfesseln. Das System Francisco Francos in Spanien z. B. orientierte sich an traditionellen Auto-

2 **Gerardo Dottori, Il duce.** Das Gemälde im Stil des italienischen Futurismus verweist auf die Beteiligung dieser künstlerischen Bewegung bei der Entstehung des italienischen Faschismus.

ritäten wie Kirche, Militär und Großgrundbesitz. Franco griff – im Gegensatz zu faschistischen Systemen – kaum in das Wirtschaftsleben ein und versuchte wenig den Alltag der Menschen zu reglementieren, soweit sie politisch passiv blieben. Eine rassistisch motivierte Vernichtungspolitik („Reinheit der Rasse") war dem spanischen Franquismus zwar nicht fremd, stand aber nicht im Zentrum seiner Politik.

6.2 Benito Mussolinis Faschismus

Benito Amilcare Andrea Mussolini wurde 1883 in der Region Emilia Romagna geboren, sein Vater war aktiver Sozialist. Nach dem Abitur und Diplom als Volksschullehrer entzog sich Mussolini dem Wehrdienst; er wurde 1909 Sekretär der Sozialistischen Arbeiterkammer und errang eine Schlüsselstellung in der Sozialistischen Partei. Während die Sozialisten 1914 mehrheitlich einen Neutralitätskurs im Ersten Weltkrieg vertraten, warb Mussolini für den Eintritt Italiens in den Krieg an der Seite der Entente. Daraufhin wurde Mussolini von der Sozialistischen Partei ausgeschlossen. 1915 erklärte Italien Österreich-Ungarn den Krieg. Bei militärischen Einsätzen wurde Mussolini wiederholt verwundet.
1918/19 gehörte zwar Italien zu den Kriegssiegern, aber die Alliierten hielten sich nicht an ihre territorialen Versprechungen. In Italien breitete sich eine große Enttäuschung aus und es kam zu sozialen Unruhen. Mussolini sammelte rechtsorientierte Kampftrupps (Squadristi), die von der Industrie und Großgrundbesitzern aus Furcht vor einer proletarischen Revolution finanziell unterstützt wurden. Mussolini verfolgte eine Doktrin des Aktivismus (Gewalthandlungen gegen sozialistische Arbeiter und Einrichtungen). Diese Kampfbünde waren bei Wahlen kaum erfolgreich; das Bündnis mit König, Kapital und Kirche ermöglichte aber einen Einzug ins Parlament.
1922 eskalierte in Italien der Bürgerkrieg und Terror der Squadristi. Der „Marsch auf Rom" endete kläglich. Nur 9 000 der 20 000 „Schwarzhemden" entkamen den polizeilichen Kontrollen. Am 28. Oktober, einem tristen Regentag und dem späteren Nationalfeiertag, stand ein bunt gemischter Haufen, kaum ausgerüstet und nur behelfsmäßig uniformiert, ohne Trinkwasser und Verpflegung vor Rom. „In alter wie in neuer Zeit gab es wohl keinen Angriff auf Rom, der am Anfang so kläglich misslang" (Martin Broszat). Der König lehnte es aber ab, bereitstehende Polizeikräfte gegen die „Schwarzhemden" einzusetzen, und beauftragte Mussolini mit der Regierungsbildung. Nach dieser Machtübergabe wurde kurz darauf erneut der Marsch der Schwarzhemden nach Rom theatralisch für die Medien inszeniert.
Nach der Ermordung des Parteisekretärs der Sozialisten Giacomo Matteotti (1924) durch faschistische Milizionäre geriet Mussolini selbst in Verdacht. Die Stimmung gegen ihn verschärfte sich und oppositionelle Abgeordnete fassten den Entschluss, das Parlament zu verlassen. Der König gab diesem Druck nicht nach. Mussolini ließ daraufhin politische Gegner verhaften und etablierte die faschistische Diktatur.
1926 wurden die Oppositionsparteien verboten. Der Gran Consiglio del Fascismo (Faschistische Großrat) fungierte nun zugleich als ein Partei- und Staatsorgan.
Mussolini verstand sich nach der Ermordung des österreichischen Kanzlers Engelbert Dollfuß (1934) als Garant

3 Benito Mussolini in einem Dreifarbendruck der Druckerei SAF Neapel, um 1930. Neben den „fasci", den fasces der antiken Liktoren, sind weitere antike Symbole dargestellt: die römische Wölfin als Verweis auf das Imperium Romanum, der Löwe als Zeichen von Herrschaft und Stärke.

4 Mussolini in Libyen, Tripolis, mit dem „Schwert des Islam", März 1937
(1934 erklärte Italien Libyen zur Kolonie.)

der Unabhängigkeit Österreichs und ließ Truppen am Brennerpass aufmarschieren. Es kam zu einem ersten Treffen mit Adolf Hitler. In diesem Jahr besetzte Italien Abessinien.
Der Spanische Bürgerkrieg (seit 1936) führte zu einer Annäherung von Mussolini an das nationalsozialistische Deutschland, Mussolini proklamierte die „Achse Rom-Berlin" und führte antisemitische Rassengesetze in Italien ein.
Italien gelang 1939 mit Mühe die Besetzung Albaniens. Nach deutschen Blitzkriegen erklärte auch Mussolini England und Frankreich den Krieg. Ein italienischer Einmarsch in Griechenland scheiterte. England fügte den Italienern in Libyen eine vernichtende Niederlage zu, und Italien verlor in der Folgezeit einen Großteil seiner Kolonialgebiete. Das militärische Bündnis mit Deutschland wurde für Italien immer fataler.
1943 setzte der Faschistische Großrat Mussolini nach der alliierten Landung auf Sizilien ab. Mussolini wurde auf Befehl von König Viktor Emanuel III. interniert. Ein deutsches Kommando befreite Mussolini in einer abenteuerlichen Aktion vom Gran Sasso in den Abruzzen. Mussolini wurde am 27. April 1945 von kommunistischen Partisanen am Comer See gefangen genommen und am folgenden Tag ohne Gerichtsverfahren erschossen.

6.3 Der spanische Franquismus

Als 1936 in Spanien eine linke Volksfrontregierung durch demokratische Wahlen an die Macht kam, eskalierten die gewalttätigen Auseinandersetzungen zwischen der politischen Linken und Rechten, die in einen blutigen Bürgerkrieg zwischen den Anhängern der Regierung und nationalistischen Kräften mündeten. Auf beiden Seiten griffen europäische Künstler, Intellektuelle, Arbeiter u.a. ein, die nationalistischen Kräfte wurden auch durch das nationalsozialistische Deutschland unterstützt („Legion Condor" - u.a. Vernichtung durch Bombardierung der baskischen Stadt Guernica). Aus den Kämpfen ging die Rechte siegreich hervor, die Macht übernahm der „Generalissimus" (Caudillo) Francisco Franco, der eine Militärdiktatur errichtete, die sich auf die Armee, die katholische Kirche, den Großgrundbesitz und eine Einheitspartei stützte. Politische Gegner wurden unter Franco brutal verfolgt. Franco, der sich zugleich zum Oberbefehlshaber, Staats- und Regierungschef machte, hielt Spanien aus dem Zweiten Weltkrieg heraus und errichtete 1947 wieder die Monarchie. Nach Francos Tod (1975) wurde Spanien u.a. durch seinen Nachfolger König Juan Carlos I. in eine parlamentarische Monarchie überführt. Alle politischen Lager verzichteten damals auf eine kritische Aufarbeitung der jüngeren spanischen Vergangenheit, um alte politische Konfrontationen und feindliche innenpolitische Lagerbildungen zu vermeiden. Erst vor wenigen Jahren wurde von immer mehr Menschen erfasst, dass von einer unvoreingenommenen Vergangenheitsaufarbeitung auch Impulse für eine demokratische Konsolidierung Spaniens ausgehen können. Gegenwärtig werden in Spanien Maßnahmen diskutiert, wie die zahllosen Opfer der Franco-Diktatur rehabilitiert werden können.

5 Spanischer Bürgerkrieg. Soldaten der nationalen Erhebung suchen bei Bauern nach Waffen.

7 Seit einigen Jahren werden in Spanien Bürgerkriegsgräber geöffnet. Das Schicksal der unter Franco Verschwundenen findet zunehmend öffentliches Interesse.

6 Soll man die eigene Vergangenheit kritisch aufarbeiten?

Wahrheit, um jeden Preis. Ein Gespräch mit dem spanischen Schriftsteller Javier Cercas

DIE ZEIT: Der Diktator Francisco Franco ist seit 27 Jahren tot, Spanien seit 1975 eine Demokratie. Warum hat Spanien sein faschistisches Erbe so lange so erfolgreich verschwiegen?

Javier Cercas: In erster Linie ist daran die sogenannte transición schuld, der sanfte Übergang von der Diktatur zur Demokratie. Als Franco gestorben war, sagte jeder, es sei jetzt wichtig, nicht zurückzublicken, sondern die Zukunft in Angriff zu nehmen. Damals fand ich das falsch. Heute glaube ich, dass es womöglich richtig und notwendig war. Aber der Preis, den wir noch immer für diesen stillen Übergang zu zahlen haben, ist sehr hoch: Wir se-

hen unsere Vergangenheit noch nicht mit der nötigen Klarheit. Das ist sehr gefährlich.
DIE ZEIT: Jetzt werden in Spanien Massengräber aus der Zeit des Bürgerkriegs ausgehoben, es gibt eine Vielzahl von Filmen, Dokumentationen und Romanen über den Bürgerkrieg und die Diktatur. Spanien scheint bereit, sich seiner Geschichte zu stellen. Wann kam dieser Prozess in Gang?
Cercas: Das Interesse am Bürgerkrieg ist nicht völlig neu. Seit den siebziger Jahren gab es jede Menge wissenschaftliche Studien darüber. Was sich aber total geändert hat, ist die Art und Weise, wie wir auf unsere jüngste Geschichte schauen. Ich denke, dass meine Generation, die Generation der 40-Jährigen, es ist, die dieses ganz neue Interesse ausgebildet hat. Und seit zwei Jahren hat es sich explosionsartig verstärkt, die ganze Gesellschaft redet jetzt darüber, vor allem die jungen Menschen. Ich habe viele Briefe von 18-Jährigen erhalten, die wissen wollen, warum jemand Faschist wurde, was im Krieg und in der Nachkriegszeit wirklich geschah. Das hat nichts mit Revisionismus zu tun. Es geht nicht um Schuld. Die Generation der Enkel will nichts weiter, als die Wahrheit wissen.
DIE ZEIT: Warum hat Spaniens Jugend so lange mitgeschwiegen?
Cercas: In den achtziger Jahren wollten wir Schriftsteller, Künstler und Journalisten nur eines: Europäer sein. Wir wollten nicht die alten, furchtbaren Geschichten von unseren Eltern und Großeltern über den Krieg und das Töten hören. Die Demokratie war für uns jung, und wir wollten Romane über die Gegenwart schreiben, wie die Franzosen oder Italiener auch. Später erst haben wir begriffen, dass wir, um die Zukunft richtig gestalten zu können, uns der Vergangenheit aktiv stellen müssen. [...] Es war ein grandioser Fehler der Volkspartei, dass sie den Putsch zuvor nie verurteilt hat – was klar und deutlich die familiären Verbindungen der Partei zum Franquismus zeigt. Den Franquismus zu verdammen hieße für diese Politiker, ihre Väter zu verdammen. [...] Eine richtige Versöhnung hat es bis heute nicht gegeben. Wir haben uns unserer Vergangenheit niemals mit einer solchen Klarheit gestellt wie ihr Deutschen. Ihr habt das viel besser gemacht: 60 Jahre lang reden und diskutieren.

DIE ZEIT vom 22.05.2003 Nr. 22 (die Fragen stellte Christian Schüle).

6.4 Die faschistische „Legion Erzengel Michael“ in Rumänien

8 Keine „Machtergreifung“, sondern Machtübertragung

Weder Benito Mussolini noch Adolf Hitler gelangten durch einen Staatstreich an die Macht, beide destabilisierten das bestehende politische System, um Diktaturen zu etablieren. Aber der von Mussolini wie Hitler gebrauchte Ausdruck „Machtergreifung“ beschreibt eher das, was sie taten, nachdem sie die Regierung übernommen hatten. Beide wurden von einem Staatsoberhaupt auf Drängen von militärischen und politischen Beratern um die Übernahme der Regierung gebeten, in einer Zeit, in der die etablierten Kräfte mit einer extremen Krisensituation, zu der die Faschisten maßgeblich Vorschub geleistet hatten, nicht mehr selbst fertig wurden. Der amerikanische Historiker Robert Paxton zum rumänischen Faschismus:

Tatsächlich hat bislang niemals ein Aufstand gegen einen etablierten Staat die Faschisten an die Macht gebracht. Mehrmals haben autoritäre Diktatoren solche Versuche im Ansatz niedergeschlagen. Dreimal geschah dies mit der rumänischen Erzengel-Michael-Legion, der ekstatisch-religiösesten aller faschistischen Parteien und einer derjenigen, die am ehesten zum Mord an Juden und bürgerlichen Politikern bereit waren. In einem Rumänien, das in erbärmlichem Elend von einer korrupten und engstirnigen Oligarchie beherrscht wurde, hatte die Legion eine leidenschaftlich-glühende Beziehung zu ihren Anhängern im Volk, meist bislang unpolitischen Landarbeitern, geblendet von dem jugendlichen Corneliu Codreanu und seinen Anhängern, die auf Pferden durch die entlegensten Dörfer zogen, geschmückt mit grünen Hemden und patriotischen Fahnen.
Nach einer außergewöhnlich sterilen Periode von parlamentarischem Machtkampf und Kungelei übernahm der rumänische König Karol am 10. Februar 1938 diktatorische Macht. Im November setzte Karol Codreanu fest, nachdem er vergeblich versucht hatte, die immer gewalttätigere Legion in seine offizielle Front der nationalen Wiedergeburt einzubinden. Anschließend wurde Codreanu zusammen mit einigen seiner Anhänger „auf der Flucht“ ermordet. Codreanus Nachfolger Horia Sima antwortete darauf im Januar 1939 mit einem Aufstand, den die königliche Diktatur gewaltsam unterdrückte.
Karol dankte im September 1940 ab, nachdem das siegreiche Deutschland Rumänien zu Gebietsabtretungen an Ungarn und Bulgarien gezwungen hatte. Der neue rumänische Diktator, General (später Marschall) Ion Antonescu, machte aus der Legion am 15. September 1940 in einem weiteren Versuch, ihre Anhängerschaft im Volk für sich zu gewinnen, die einzige Partei in einem neu ausgerufenen „National-Legionären Staat“. Horia Sima, der ungestüme neue Kopf der Legion, baute eine „parallele“ Polizei und Arbeitsorganisationen auf und begann mit der Konfiszierung jüdischen Vermögens, wodurch er den rumänischen Staat und seine Wirtschaft in Schwierigkeiten brachte und deshalb ab Januar 1941 mit Hitlers Einverständnis von Antonescu in seiner Macht beschnitten wurde. Eine ausgewachsene Revolte plus ein Pogrom, das die Legion dann am 21. Januar 1941 vom Zaun brach, wurde von Antonescu „im extremsten Beispiel“ einer konservativen Repression des Faschismus blutig niedergeschlagen. Antonescu liquidierte die Legion und ersetzte den „National-Legionären Staat“ durch eine prodeutsche, aber nicht faschistische Militärdiktatur.
Anderen faschistischen Umsturzversuchen erging es nicht besser. Während es der österreichischen nationalsozialistischen Partei am 25. Juli 1934 gelang, Kanzler Engelbert Dollfuß zu ermorden, unterdrückte dessen Nachfolger Kurt von Schuschnigg den Nationalsozialismus in Österreich und regierte mit Hilfe einer klerikal-autoritären Einheitspartei, der Vaterländischen Front.

Robert O. Paxton: Anatomie des Faschismus. München 2006, S. 143 ff. Übs. Dietmar Zimmer.

6.5 Die kroatische Ustascha

9 Töten, vertreiben, zwangskonvertieren

April 1941: Die Deutsche Wehrmacht marschiert in Jugoslawien ein. Innerhalb weniger Tage wird das Königreich zerschlagen und aufgeteilt. Das ist die Stunde des kroatischen Nationalisten Ante Pavelic. Die Nazis installieren ihn als Führer des neugeschaffenen, angeblich „Unabhängigen Staates Kroatien". Die katholische Presse Kroatiens triumphiert: „Über unserem neuen, jungen und freien Kroatien ist das Bild der jungfräulichen Muttergottes als Zeichen am Himmel erschienen. Das Kroatien Gottes und Marias aus alten Zeiten ist wiedererstanden." Den Rassenwahn der Nazis übernimmt der katholische Pavelic eins zu eins und erweitert ihn um einen Hass-Faktor: die orthodoxen Serben. Kroatien soll serbenfrei werden. „Wir töten einen Teil der Serben, wir vertreiben einen anderen. Und der Rest, der die katholische Religion annehmen muss, wird in das kroatische Volk aufgenommen", sagt Pavelics Erziehungsminister.
Brennende orthodoxe Kirchen, Massen-Erschießungen, Konzentrationslager: Wegen vernichteter Unterlagen kann die Zahl der Opfer nur geschätzt werden, sie variiert zwischen 200000 und zwei Millionen Menschen. Viele katholische Geistliche beteiligen sich an diesen Verbrechen. Der Primas der kroatischen Katholiken, Erzbischof Aloisius Stepinac, stellt angesichts tausender Serben, die sich durch den Kirchenübertritt retten wollen, fest: „Obwohl die aktuellen Ereignisse sehr verwickelt sind, ist es jedoch leicht, die Hand Gottes in diesem Werk zu erkennen." Posthum wird Stepinac 1998 von Papst Johannes Paul II. seliggesprochen – wegen seines angeblichen Widerstandes gegen Kommunismus und Faschismus. Diese Ehrung ist allerdings umstritten, weil Stepinac das Ustascha-Regime nach dem Zweiten Weltkrieg nicht klar verurteilt hat.
Ante Pavelic wird am 14. Juli 1889 geboren. Nach dem Ersten Weltkrieg beginnt der gelernte Jurist eine politische Karriere als Abgeordneter im frisch proklamierten Königreich der Serben, Kroaten und Slowenen, dem späteren Königreich Jugoslawien. 1929 emigriert Pavelic nach Italien, er bewundert Benito Mussolini und den Faschismus. Er gründet die sogenannte Ustascha-Bewegung, eine „national-faschistische Organisation, die als Hauptziel die Gründung eines unabhängigen kroatischen Staates verfolgt". Nach dem Zweiten Weltkrieg wird Pavelic von den Alliierten als Kriegsverbrecher gesucht. Er entkommt, als Priester verkleidet, über Rom nach Argentinien, wo Nazis unter der Regierung von Juan Peron mit offenen Armen empfangen werden. 1957 überlebt Pavelic ein Attentat, das Unbekannte auf ihn in Buenos Aires verüben. Daraufhin taucht er in Spanien unter, wo das Regime von Francisco Franco an der Macht ist. Pavelic stirbt am 28. Dezember 1959 im Alter von 70 Jahren in Madrid.

Programmankündigung „Stichtag" WDR 2 zum 14.7.2004.
http://www.wdr.de/themen/kultur/stichtag/2004/07/14.jhtml

6.6 Die Pfeilkreuzler in Ungarn

Diese ungarische faschistische Bewegung wurde 1935 von Ferenc Szálasi gegründet. Sie erhielt 1939 etwa 25% der Stimmen, war jedoch bis 1944 nicht an einer Regierung beteiligt. Adolf Hitler war wenig an einer Förderung von faschistischen Bewegungen in den Satellitenstaaten interessiert. So unterhielt er enge Beziehungen zu dem rumänischen Marschall Ion Antonescu, der die rumänische faschistische Bewegung niedergeschlagen hatte. Rumänische Truppen waren auch an dem Russlandfeldzug beteiligt. Ungarn wurde im Zweiten Weltkrieg nicht von deutschen Truppen besetzt, Hitler paktierte lieber mit dem seit 1920 regierenden Diktator Admiral Miklós Horthy. Erst als Horthy in den Verdacht geriet, er könne mit den im Jahr 1944 heranrückenden Alliierten kollaborieren, ersetzte ihn Hitler durch Szálasi, der maßgeblich an der Erschießung von ca. 50000 ungarischen Juden beteiligt war sowie an der zweiten Deportationswelle des ▶ Holocaust im Herbst 1944.

10 Dieses Symbol war an das Hakenkreuz angelehnt, es sollte die Stoßkraft der Bewegung versinnbildlichen. Pfeilsymbole wurden bereits von den magyarischen Eroberern Ungarns verwendet. Neben dem Hakenkreuz ist das Pfeilkreuz ein antisemitisches Zeichen.

11 In Budapest wurde im Jahr 2005 am Donaukai ein Holocaust-Mahnmal des Künstlers Gyula Pauer installiert: 60 Paar Schuhe aus Metall auf einer Länge von 40 Metern erinnern an die Massenerschießungen von 1944/45.

6.7 Faschismustheorien

12 Merkmale des Faschismus

Der Historiker Ernst Nolte über die Eigentümlichkeit und mögliche Universalität des italienischen Faschismus:

Es scheint, dass sechs Charakterzüge von hervorstechender Wichtigkeit sind und in ihrer Gesamtheit genügen, die Individualität des neuen Phänomens zu kennzeichnen.

1. Der Faschismus entstand auf dem Boden der bis dahin schwersten Krise des liberalen Systems, die jedoch nicht aus einer Niederlage, sondern aus einem hyperbolischen Siege hervorging. Es war seit Jahrzehnten abzusehen, dass eines Tages die großen Massen der „Roten" und der „Schwarzen" im politischen Leben auftauchen würden. [...]
2. Der Faschismus war unmittelbar aus dem Kriege geboren und in seiner frühesten Erscheinungsform nichts anderes als eine Vereinigung von Kriegsteilnehmern zur Verteidigung des Sinnes dieses Krieges gegen eine weitverbreitete Verneinung. Er erfuhr eine entscheidende Stärkung durch den Beitritt der Legionäre aus jenen Freiwilligenverbänden, die als erste eine der Fragen des Friedens [...] durch die Methoden des Krieges zu lösen versucht hatten. Er gab sich seine Organisation nach dem militärischen Muster: Mitgliedschaft in der Partei und Zugehörigkeit zu den Kampfgruppen war von Anfang an identisch, das Führerprinzip entstammt so gut dem Heer wie das Gepränge der Paraden [...]. Ebenso waren die neuen Methoden des politischen Kampfes dem Kriege entlehnt: Stoßtruppunternehmungen gegen feindliche Stützpunkte, Heereszüge in gegnerische Lande, trommelfeuerartige Propaganda mit Vernichtungstendenz. [...]
3. Zum Bürgertum stand der Faschismus in dem merkwürdigen Verhältnis einer nichtidentischen Identität. Er machte sich zum Vorkämpfer der bürgerlichen Hauptintention: der Bekämpfung des marxistischen Revolutionsversuchs gegen die bürgerliche Gesellschaft im Ganzen. Aber er unternahm diese Bekämpfung mit Methoden und mit Kräften, die den bürgerlichen Denk- und Lebenstraditionen fremd waren. Seine Illegalität fand in der bürgerlichen Presse niemals grundsätzliche Zustimmung und häufig scharfe Kritik, die Kader seiner Kampftruppen waren nicht aus „dem" Kleinbürgertum gebildet, sondern aus bestimmten Randschichten des Kleinbürgertums, den „Landsknechten" und der irrationalistisch gestimmten akademischen Jugend. Die finanzielle Unterstützung kam in sehr viel höherem Maße von den Agrariern als von den Industriellen, beträchtliche Teile des Bürgertums blieben immer antifaschistisch, und umgekehrt traten bedeutende Organisationen der Arbeiterschaft schon früh in Kontakt zu Mussolini [...].
4. Der Faschismus weist eine eigentümliche Nähe zum Gegner auf. Eine ganze Anzahl seiner hervorragendsten Führer waren vor dem Kriege revolutionäre Sozialisten und Syndikalisten gewesen. Mussolini empfand sich mit Stolz und nicht ohne Grund als den Vater des italienischen Kommunismus, Michele Bianchi hatte die großen landwirtschaftlichen Streiks in der Gegend von Parma organisiert, Sergio Panunzio war einer der Theoretiker des Syndikalismus gewesen. [...]
5. Der längst bekannte Nationalismus wird vom Faschismus übernommen und zu einem praktischen Höhepunkt geführt, nicht der Nationalismus Mazzinis, sondern der imperialistische Nationalismus Enrico Corradinis, der keine Skrupel hinsichtlich Südtirols oder Istriens kennt, das antike Rom für das Vorbild des modernen Italien erklärt und im Mittelmeer „il mare nostro" sieht.
6. Die Tendenz zur Ideologie ist auch im frühen italienischen Faschismus schon erkennbar, obgleich er sich gern mit Emphase für untheoretisch und einen Ausdruck der reinen Aktion erklärt. Da er in seinem praktischen Verhalten und gegen die ursprüngliche Intention Mussolinis die Einrichtungen des reformistischen Sozialismus in seinen Vernichtungsfeldzug einbezogen hat, ist er gezwungen, einen möglichst weit gefassten Begriff des „Marxismus" auszubilden und den eigenen Antimarxismus gegen das liberale System als den Nährboden des Gegners zu setzen, ja ihn in die Vergangenheit zu verlängern und sich damit dem Antisemitismus und einem antichristlichen Katholizismus zu nähern [...].

Alle diese Kennzeichen sind nicht etwa italienisch, sondern durchaus gemeineuropäisch. Mit der Ausbreitung des liberalen Systems war auch seine Krise bis an die Grenzen Europas gelangt, militärähnliche Freiwilligenverbände von antibolschewistischer Richtung gab es beinahe überall [...]. Die Existenz analoger Bewegungen war also in allen Ländern Europas grundsätzlich möglich; auf spezifisch italienische Bedingungen war nicht der Faschismus als solcher, sondern nur sein früher Sieg zurückzuführen.

Dass innerhalb desselben Typus sehr beträchtliche Unterschiede möglich waren, ist leicht einsichtig: Die Krise des liberalen Systems mochte schwerer oder oberflächlicher sein, der oberste Führer konnte nicht dem Sozialismus, sondern dem Konservativismus oder Nationalismus entstammen, die Rolle der Ideologie konnte größer sein (schwerlich geringer), der Grad der Irrationalität und das Ausmaß des Zurückstiegs in die Vergangenheit mochte bedeutender, die feindliche Entsprechung zum Marxismus konsequenter sein. Aber solange sich die Unterschiede im Rahmen der angeführten sechs Kennzeichen halten, darf die Verwendung des Allgemeinbegriffs „faschistisch" als gerechtfertigt gelten.

Ernst Nolte: Die faschistischen Bewegungen. München 1966, S. 64–67.

13 Marxistische Faschismustheorie

Während nach 1945 bei Analysen des Nationalsozialismus die Totalitarismustheorie dominierte, die eine Wesensverwandtschaft von Bolschewismus/Stalinismus und Nationalsozialismus betonte, rückte in den 1960er-Jahren eine Deutung in den Vordergrund, die den Faschismus als „Form bürgerlicher Herrschaft" interpretierte und dementsprechend bei der Durchsetzung faschistischer bzw. nationalsozialistischer Bewegungen nach dem „Kapitalinteresse" fragte. Aus Reinhard Kühnls „Formen bürgerlicher Herrschaft":

Ideologie

Ideologie und Propaganda des Faschismus entsprachen sowohl der Mentalität der Anhängerschaft als auch den Bedürfnissen der herrschenden Klasse. Die faschistische Ideologie musste einerseits die Unzufriedenheit der Massen mit den bestehenden Zuständen ausdrücken, durfte aber andererseits die kapitalistische Gesellschaftsordnung nicht gefährden. Nur so war es möglich, diese Unzufriedenheit aufzufangen und in Kanäle zu lenken, die für das bestehende System nicht nur ungefährlich, sondern vielleicht noch nützlich waren. Eine solche Politik war natür-

lich nur dann möglich, wenn die Massen durch ihre soziale Lage und ihre geistige und politische Tradition bereits entsprechend präformiert waren.
Sechs Grundmotive können unterschieden werden, von denen jedes eine klar umschriebene Funktion hat, die aber erst in ihrem Zusammenspiel die Eigentümlichkeit und die Wirksamkeit der faschistischen Ideologie ausmachen. Die Gemeinschaftsideologie, zu der auch der Nationalismus zählt; die Ideologie von der Autorität, die im Führerprinzip mündet; die Eigentumsideologie, die in einen militanten Antikommunismus gipfelt; gewisse antikapitalistische Akzente, die sich gegen das große Kapital richten, durch die Verbindung mit den übrigen Elementen, besonders mit der Eigentumsideologie jedoch politisch entschärft werden; die Sündenbockphilosophie, die eine einleuchtende Erklärung für alle Übel dieser Welt liefert und zugleich den Massen Objekte bietet, an denen sie ihre Aggressionen gefahrlos entladen können; und schließlich der Militarismus, der die Massen ideologisch auf den Krieg vorbereitet. […]

Die politische Funktion faschistischer Bewegungen

Die politische Funktion der faschistischen Bewegungen lässt sich nach den bisherigen Analysen wie folgt charakterisieren: Der Weltkrieg hatte Millionenmassen auf die Bühne der Geschichte gestellt, die sich nach 1918 nicht mehr ohne Weiteres in ein beschauliches privates Dasein zurückdrängen ließen. Die revolutionären Ereignisse von 1917 bis 1923 hatten den Massen demonstriert, dass die gesellschaftliche Ordnung veränderbar, dass der Kapitalismus nicht unangreifbar war. Selbst nach der Niederlage der sozialistischen Revolutionsversuche konnte die kapitalistische Ordnung nicht als gesichert gelten. Inflation, Wirtschaftskrise und Arbeitslosigkeit zeigten in drastischer Weise, dass sie den Bedürfnissen der Gesellschaft nicht mehr genügte.
Angesichts solcher Umstände bestand wenig Aussicht, mit den herkömmlichen Mitteln noch eine Massenbasis für das System zu finden, die auch in Krisenlagen zuverlässig blieb. Unter den Bedingungen des allgemeinen Wahlrechts und der parlamentarischen Demokratie konnte sich eine konkrete Gefahr für die herrschende Klasse entwickeln. Es kam also darauf an, für diesen Fall mit neuen Methoden eine Massenbasis für die bestehende Gesellschaftsordnung zu schaffen. […]
Da das bestehende politische und gesellschaftliche System diskreditiert war, konnte eine politische Bewegung auftreten, die sich als dessen entschiedener Gegner ausgab, die bestehenden Parteien, ja Parteien im herkömmlichen Sinne überhaupt, als unfähig, die parlamentarische Demokratie als korrupt, den Kapitalismus als überholt ausgab und alles völlig neu zu ordnen versprach. Sie musste radikal und entschlossen auftreten, das Alte verdammen und das ganz Neue verheißen, musste soziale Gerechtigkeit fordern und jene benennen, die an dem Übel schuld waren. Sie musste die Massen aktivieren und ihrem Aktivitätsdrang Raum schaffen, musste ihnen schmeicheln, ihnen Ziele setzen, für die sie zu kämpfen bereit waren. Bei alledem durfte die bestehende Gesellschaftsordnung nicht in Gefahr geraten, durften die Massen nicht wirklich zum Subjekt der Geschichte werden und ihr Schicksal selbst in die Hand nehmen, musste im Gegenteil der wirkliche Gegner dieser Ordnung, die sozialistische Linke, von den Massen selbst bekämpft werden. Das Volk musste dazu gebracht werden, die Volksherrschaft, die Demokratie für unsinnig zu erklären und sich selbst für unfähig, politische Entscheidungen zu treffen; die Massen mussten fanatisch ihre eigene Entmündigung fordern und die Herrschaft einer Minderheit verlangen, der sie sich unterwerfen konnten. Diese äußerst prekäre Aufgabe, die ein hohes Maß demagogischer Kunst verlangte, wurde vom Faschismus gelöst.

Reinhard Kühnl: Formen bürgerlicher Herrschaft. Liberalismus – Faschismus. Reinbek bei Hamburg 1971, S. 84, 117 f.

14 Kritische Bemerkungen zu Kühnl

Der Holocaust und die westdeutschen Historiker

Für die dogmatische [gemeint: die marxistische] Faschismus-Konzeption war in der Tat die Judenvernichtung kein unüberwindbares Hindernis von Erklärungsversuchen. […]
Faschismus wird als „Großoffensive gegen die Arbeiterbewegung“, als Verteidigung der ungerechten Eigentumsverhältnisse, und als Macht der Industrie- und Bankkonzerne definiert. […] Der Massenmord wird von Kühnl als Variante von „Versklavungsprogramme[n]“ gedeutet, die Singularitätsthese explizit zurückgewiesen. Diese werden zudem mit einem Zitat von Rudolf Höß in den interpretativen Kontext kapitalistischer Ausbeutungspraktiken verschoben, damit der Nachweis gelingt, Auschwitz sei eines der Nutzen-Projekte der deutschen Privatwirtschaft und Ergebnis „großkapitalistischer Interessen“ gewesen. […] Der Holocaust war für ihn das Ergebnis der „Totalisierung des Kosten-Nutzen-Prinzips, welches der kapitalistischen Ökonomie schon immer unmittelbar entsprang“. Äußerungen Kühnls zeigen zudem, dass er von der Überlegenheit seiner NS-Interpretation ausgeht, während „jüdische Wissenschaftler“, so Kühnl, „[…] im Banne des blanken Entsetzens [verharren]“.

Nicolas Berg: Der Holocaust und die westdeutschen Historiker. Erforschung und Erinnerung. Göttingen 2003, S. 438–441.

15 Was ist Faschismus?

Ein neuer Definitionsversuch des amerikanischen Historikers Robert O. Paxton:

Paxton untersucht die verschiedenen Ausprägungen faschistischer Herrschaft, um Gemeinsamkeiten zu identifizieren. Dabei nimmt er weniger die Ideologie in den Blick, denn der Faschismus beruhe nicht auf einem ausgefeilten philosophischen oder politischen System, sondern die Praxis faschistischer Bewegungen. Diese Schwerpunktsetzung entspräche auch eher dem Selbstverständnis der Akteure. Benito Mussolini antwortete auf die Frage nach seinem Programm: „Es besteht darin, diesen Demokraten […] die Knochen zu brechen. Und zwar je eher, desto besser.“

Faschismus kann definiert werden als eine Form des politischen Verhaltens, das gekennzeichnet ist durch eine obsessive Beschäftigung mit Niedergang, Demütigung oder Opferrolle einer Gemeinschaft und durch kompensatorische Kulte der Einheit, Stärke und Reinheit, wobei eine massenbasierte Partei von entschlossenen nationalistischen Aktivisten in unbequemer, aber effektiver Zusammenarbeit mit traditionellen Eliten demokratische Freiheiten aufgibt und mittels einer als erlösend verklärten Gewalt und ohne ethische oder gesetzliche Beschränkungen Ziele der inneren Säuberung und äußeren Expansion verfolgt.
[… Paxton identifiziert dabei folgende „mobilisierende Leidenschaften“:]

– ein überwältigendes Krisengefühl jenseits aller traditionellen Handlungsoptionen

– der Glaube an die Vorrangstellung einer Gruppe, gegenüber der man Pflichten hat, die über jedem Recht stehen, sei es individueil oder universell, und die die Unterordnung des Individuums fordert

– der Glaube, die eigene Gruppe sei ein Opfer, ein Gefühl, das jede Handlung gegen seine inneren wie seine äußeren Gegner rechtfertigt, ohne gesetzliche oder moralische Grenzen

– Angst vor dem Niedergang der Gruppe durch die „zersetzenden" Effekte von individualistischem Liberalismus, Klassenkonflikten und Einflüssen aus dem Ausland

– das Bedürfnis einer engeren Integration einer „reineren" Gemeinschaft, wenn möglich durch Konsens, wenn nötig durch ausschließende Gewalt

– das Bedürfnis nach Autorität durch geborene (immer männliche) Führungspersönlichkeiten, kulminierend in einem nationalen „Führer", der als Einziger fähig ist, das Schicksal der Gruppe zu verkörpern

– die Überlegenheit der Instinkte des Führers über abstrakte und universelle Vernunft

– eine Ästhetik der Gewalt und der Kraft des Willens, wenn diese dem Erfolg der Gruppe gewidmet werden

– das Recht der Auserwählten, andere ohne die Schranken irgendeines menschlichen oder göttlichen Gesetzes zu beherrschen, ein Recht, das einzig nach dem Kriterium der Tapferkeit der Gruppe in einem darwinistischen Kampf zugemessen wird

Faschismus nach dieser Definition ist, ebenso wie ein Verhalten entsprechend dieser Gefühle, auch heute noch sichtbar. Faschismus existiert auf der Ebene von Stadium 1 in sämtlichen demokratischen Ländern – auch in den USA. „Freie Institutionen aufzugeben", insbesondere wenn es um die Freiheiten unpopulärer Gruppen geht, ist gegenwärtig wieder attraktiv für Bürger westlicher Demokratien, auch für einige Amerikaner. Wir wissen vom Faschismus, weil wir seinen Werdegang nachgezeichnet haben, dass er keinen spektakulären „Marsch" auf irgendeine Hauptstadt braucht, um Wurzeln zu schlagen. Scheinbar harmlose Entscheidungen, ungesetzliche oder gesetzlose Handlungen hinzunehmen, wenn sie sich gegen „Staatsfeinde" richten, reichen schon aus. Etwas, was dem klassischen Faschismus sehr nahe kommt, hat in einigen tief traumatisierten Staaten bereits Stufe 2 erreicht. Sein weiteres Vordringen ist dennoch nicht unvermeidlich. Ein Fortschreiten Richtung Macht hängt teilweise von der Schwere der Krise ab, sehr stark aber auch von menschlichen Entscheidungen, insbesondere jener Personen, die die ökonomische, soziale und politische Macht innehaben. Die angemessenen Antworten auf Gewinne der Faschisten zu finden ist nicht einfach, denn es ist unwahrscheinlich, dass sich die Geschichte blind wiederholt. Wir haben aber eine viel bessere Chance, weise zu reagieren, wenn wir den Erfolg der Faschisten in der Vergangenheit verstehen.

Robert O. Paxton: Anatomie des Faschismus. München 2006, S. 319–321.

16 Plakat der 68-Studentenbewegung, das 1968 in Paris zahlreich geklebt wurde.

6

6.8 Rechtsextremistische Bestrebungen in der Gegenwart

Nach 1945 war der Nationalsozialismus in Deutschland weithin diskreditiert, freilich nicht vollständig, es gab immer wieder mehr oder minder einflussreiche Strömungen am rechten Spektrum, die eine Wesensverwandtschaft zum Nationalsozialismus aufwiesen, die Adolf Hitler und andere NS-Größen glorifizierten, rassistische und sozialdarwinistische Ideologiefragmente kultivierten und von „Führerdemokratie" und „völkischer Gemeinschaft" schwadronierten. Die NSDAP-Nachfolgeorganisation „Sozialistische Reichspartei" wurde 1952 auf Antrag der Bundesregierung vom Bundesverfassungsgericht verboten. Nachfolgeorganisationen blieben in der Regel Splittergruppen. Dies änderte sich erst mit der Gründung der „Nationaldemokratischen Partei Deutschlands" (NPD) 1964, die ehemalige rechtsextremistische Splittergruppen aufsog und bewusst eine rechtsradikale Phraseologie vermied, den demokratischen Verfassungsstaat formal akzeptierte, allerdings eine Stärkung des Nationalbewusstseins und die Vergabe von Arbeitsplätzen primär an Deutsche forderte. Die NPD propagierte die Einstellung von Verfahren gegen Kriegsverbrecher und leugnete die Schuld des NS-Regimes am Kriegsausbruch 1939. Bei mehreren Landtagswahlen konnte die NPD Achtungserfolge erringen: in Bayern 1966 7,4 % der Stimmen, in Hessen 7,9 %, 1967 in Rheinland-Pfalz 6,9 %; ihren größten Erfolg errang sie 1968 in Baden-Württemberg mit 9,8 %, allerdings scheiterte sie bei den Bundestagswahlen 1969 an der 5 %-Hürde.
Aus internen Querelen in der NPD ging 1971 die „Deutsche Volksunion" (DVU) hervor, die allerdings kaum einen organisatorischen Unterbau aufweisen konnte und nur bei wenigen Landtagswahlen begrenzte Erfolge zumal in Norddeutschland errang. Der DVU erwuchs in den 1980er-Jahren eine rechtsextremistische Konkurrenz in der Partei „Die Republikaner" (REP), die ebenfalls bei einigen Landtagswahlen die 5 %-Hürde überspringen konnte.

Parteienforscher sind sich darin einig, dass in der deutschen Bevölkerung durchaus ein nennenswertes rechtsextremistisches Einstellungspotential vorhanden ist, sich dies bei Wahlen aber nur begrenzt in Stimmabgaben für rechtsextremistische Parteien äußert. Gegenwärtig zeichnet sich ein neuer Trend zumal in den neuen Bundesländern ab: Skinheads und anderen rechtsextremistischen Gruppen gelang an manchen Orten eine zeitweilige alltagskulturelle Dominanz, etwa an Bahnhöfen, Marktplätzen, Tankstellen, Jugendclubs. Von diesen Gruppen gehen nicht nur eine „bedrohliche Atmosphäre" aus, sondern auch zunehmend handgreifliche Gewalthandlungen etwa gegen „Linke" und vor allem gegen „Fremde", gegen Ausländer (oder Menschen, die als solche angesehen werden). Dieses Gewaltpotential ist vor allem in den neuen Bundesländern ausgeprägt, obgleich – oder weil? – hier der Ausländeranteil an der Bevölkerung sehr gering ist.
Das gegenwärtige rechtsextremistische Gefahren- und Gewaltpotential ist kaum in den traditionellen Politikfeldern aktiv, bedrohlich erscheint vielmehr ihre alltagskulturelle Etablierung zumal bei sozial benachteiligten Personengruppen. Und hier – das unterscheidet die gegenwärtige Entwicklung von der in den 1950er- und 1960er-Jahren – dominieren nicht die alten „Ewiggestrigen", auffällig ist vielmehr der hohe Anteil von Jugendlichen bzw. von marginalisierten jungen Erwachsenen.

Arbeitsvorschläge

1. Nach dem Ersten Weltkrieg bildeten sich in zahlreichen neuen und zunächst demokratischen europäischen Staaten Diktaturen heraus. Entwickeln Sie Hypothesen, warum diese jungen Demokratien scheiterten (M 1).
2. Erörtern Sie Paxtons These, der spanische Franquismus sei nicht faschistisch (M 8).
3. Vergleichen Sie die fünf Darstellungsformen über europäische Faschismen. Welche scheint eher „objektiv", welche (unterschwelligen) Bewertungen sind erkennbar, welche erklärt die Entstehungsbedingungen am ehesten (6.2 – 6.6)?
4. Was haben diese faschistischen Bewegungen gemeinsam, was unterscheidet sie?
5. Recherchieren Sie, ob in diesen Ländern faschistische Bestrebungen nach dem Zweiten Weltkrieg noch lebendig waren oder sind und inwiefern eine kritische Auseinandersetzung etwa mit der Ustascha oder den Pfeilkreuzlern in Jugoslawien oder in Ungarn stattgefunden hat. Dazu kann es z. B. sinnvoll sein zu klären, ob Holocaust-Mahnmäler oder Denkmäler für die Opfer gesellschaftlich weithin akzeptiert werden oder auf massiven Widerstand oder Unverständnis gestoßen sind.
6. Entwickeln Sie ein Schaubild zur marxistischen Faschismustheorie, berücksichtigen Sie dabei neben der Ideologie die Bedingungen der politischen Durchsetzung des Faschismus sowie ihre zentralen sozialen Akteure und Opfer (M 13).
7. Inwiefern unterscheidet sich Paxtons Ansatz von dem marxistischen? Welche Grundelemente des europäischen Faschismus werden akzentuiert (M 13 – M 16)?
8. Wenden Sie den Definitionsversuch von Paxton auf gegenwärtige rechtsextremistische Bestrebungen in Deutschland oder Europa an. Inwiefern können (oder sollten) diese als „faschistisch" bezeichnet werden (M 15)?
9. Recherchieren Sie über ausgewählte rechtspopulistische bzw. faschistische Parteien der Gegenwart. Stellen Sie gegenüber, inwiefern diese nur eine marginale Rolle spielen oder ob von diesen eine Gefahr für Europa ausgeht.

Glossar

Antisemitismus: Vor allem seit dem akademischen Antisemitismusstreit um 1880 gebräuchliche Bezeichnung für die ideologisch motivierte und nun auch rassistisch begründete Bekämpfung des Judentums. Da auch die Araber zu den Semiten gehören, ist der Begriff problematisch. Der Antisemitismus wurde zur Staatsdoktrin des Dritten Reiches, er fand seinen Höhepunkt in dem nationalsozialistischen Bestreben, das „internationale Judentum" systematisch zu vernichten. (s. Holocaust, Genozid)

Arier: Ursprünglich die Selbstbezeichnung der „Reinen" in Indien. In der Rassenideologie des ausgehenden 19. Jahrhunderts und vor allem des Nationalsozialismus Bezeichnung für die vermeintlich höherwertige „nordische" Rasse, die das Recht besitze, die „minderwertigen" Rassen (Juden, Sinti und Roma u. a.) zu verdrängen oder zu bekämpfen.

Bekennende Kirche: Kirchliche Widerstands- oder Oppositionsgruppe gegen den Nationalsozialismus, die 1933/34 aus dem protestantischen „Pfarrernotbund" hervorging und sich gegen die nationalsozialistische Interpretation und Umdeutung des Christentums wandte sowie die Evangelische Kirche aus der engen Bindung mit dem Staat löste.

Deutsche Arbeitsfront: Nach der Zerschlagung der Gewerkschaften 1933 wurden die Arbeitgeber- und Arbeitnehmerverbände in der Deutschen Arbeitsfront (DAF) zwangsvereinigt („Volksgemeinschaft"). „Treuhänder der Arbeit", also letztlich das nationalsozialistische Arbeitsministerium legte Löhne und Arbeitsbedingungen fest, in der Regel im Interesse der Industrie.

Endlösung: Auf der Wannsee-Konferenz 1942 wurde die „Endlösung der Judenfrage" beschlossen, also die systematisch und fabrikmäßig organisierte Tötung der europäischen Juden. Umstritten ist, ob diese „Endlösung" bereits langfristig geplant war oder sich aus dem Kriegsverlauf ergab.

Ermächtigungsgesetz: Am 23. März 1933 stimmte der Deutsche Reichstag mit einer Zwei-Drittel-Mehrheit (gegen das Votum der SPD, die KPD war bereits verboten) dem „Gesetz zur Behebung der Not von Volk und Reich" zu, das die legislative Gewalt auf die Reichsregierung übertrug. Damit war die Gewaltenteilung, das Grundprinzip der demokratisch-parlamentarischen Ordnung, aufgehoben und die Diktatur eingeführt.

Euthanasie: (griech: „schöner Tod") zentraler Bestandteil der NS-Rassenideologie, eine euphemistische, d. h. verschleiernde oder beschönigende Bezeichnung für die Ermordung von behinderten Menschen oder Geisteskranken („lebensunwertes Leben") durch den NS-Staat.

Genozid: Die Bezeichnung meint den national oder rassistisch motivierten Völkermord an nationalen oder religiösen Minderheiten (z. B. der Armenier in der Türkei, der Sinti und Roma und der Juden in der NS-Zeit).

Gleichschaltung: 1933 wurden durch eine Reihe von Gesetzen (Ermächtigungsgesetz, Gleichschaltungsgesetze) die vertikale und die horizontale Gewaltenteilung aufgehoben, also das Parlament auf Reichsebene ausgeschaltet und die Einwirkungsmöglichkeiten der Reichsländer auf die Reichspolitik beschnitten. Die Gleichschaltungspolitik war ein wichtiger Schritt zur Etablierung der uneingeschränkten Diktatur des Nationalsozialismus.

Holocaust: Diese Bezeichnung für den Völkermord an den Juden setzte sich seit den 1970er-Jahren durch. Die Juden selbst bezeichnen den Genozid als „Shoah".

Konzentrationslager: Diese Internierungslager wurden ohne rechtliche Grundlage errichtet, in ihnen wurden Personen oder Gruppen, die dem nationalsozialistischen Regime aus unterschiedlichsten Gründen missliebig erschienen, inhaftiert, teilweise mussten die Gefangenen Sklavenarbeit (u. a. für die Industrie- oder Kriegsproduktion) leisten. Die SS und manche deutschen Konzerne erzielten aus dieser Arbeit erhebliche Gewinne.

Kreisauer Kreis: Auf dem niederschlesischen Gut Kreisau von Helmuth James Graf von Moltke trafen sich ab 1940 Widerstandskämpfer aus dem bürgerlich-zivilen Milieu. Sie erörterten Konzepte für eine staatliche, wirtschaftliche und soziale Neugestaltung Deutschlands für die Zeit nach dem Sturz der NS-Diktatur.

Notverordnung: Die Weimarer Reichsverfassung räumte dem Reichspräsidenten mit Art. 48 das Notverordnungsrecht ein, mit dem er in Krisenzeiten Gesetze erlassen und Grundrechte teilweise oder ganz außer Kraft setzen konnte. Allerdings musste der Reichspräsident diese mit Art. 48 erlassenen Notverordnungen dann wieder außer Kraft setzen, wenn der Reichstag dies verlangte. Reichspräsident Hindenburg und der von ihm ernannte Reichskanzler Brüning und seine Nachfolger nutzten dieses Recht extensiv, aber in missbräuchlicher Weise aus. Mit Hilfe von Art. 48 wurde 1933 die Reichstagsbrandverordnung erlassen, die den Weg in den Terrorstaat „legalisierte".

Nürnberger Gesetze: Antisemitische Gesetze, die anlässlich des Nürnberger Parteitags der NSDAP (1935) vom Reichstag beschlossen wurden. Die deutschen Juden verloren dadurch ihre deutsche „Reichsbürgerschaft". Ehen oder sexuelle Beziehungen zwischen Deutschen und deutschen Juden wurden unter Strafe gestellt.

„Reichskristallnacht"/Reichspogromnacht: Die Nationalsozialisten und vor allem die SA nahmen einen Anschlag auf einen deutschen Gesandten durch einen Juden zum Anlass, planmäßig organisierte Ausschreitungen gegen die jüdische Bevölkerung zu unternehmen. In der Nacht vom 9. auf den 10. November wurden von der SA zahlreiche Synagogen in Brand gesetzt, wobei die Feuerwehr nicht eingriff.

Reichstagsbrand: Am 27. Februar 1933 brannte in Berlin das Reichstagsgebäude. Marinus van der Lubbe wurde als Täter festgenommen, allerdings ist dessen Urheberschaft bis heute umstritten. Die Nationalsozialisten sahen in dem Brand eine Verschwörung der KPD und nutzten ihn im Vorfeld der Reichstagswahlen zur systematischen Verfolgung ihrer Gegner. Die Reichstagsbrandverordnung vom 28. Februar 1933 legalisierte den Terror und die Verhaftungen („Schutzhaft") und setzte wesentliche Grundrechte außer Kraft.

SA (Sturmabteilung): Paramilitärischer und uniformierter Kampfverband der NSDAP, der insbesondere in den letzten Jahren der Weimarer Republik für bürgerkriegsähnliche Zustände verantwortlich war. Die SA wurde 1934 im Röhm-Putsch entmachtet und ihre Führer getötet oder zum Selbstmord veranlasst.

SS (Schutzstaffel): Diese sich als Elite des Nationalsozialismus verstehende Kampftruppe wurde im „Dritten Reich" zu einem „Staat im Staate" und war wohl der wichtigste Machtfaktor Hitlers. Sie organisierte die Konzentrations- und Vernichtungslager und übernahm auch militärische Aufgaben. Die SS wurde zum Synonym für das Terrorregime.

Literaturtipps

Becker, Heinrich (Hg.): Die Universität Göttingen unter dem Nationalsozialismus. München (Saur) 1998.
Brinkmann, Jens-Uwe/Hans-Georg Schmelling (Hg.): Göttingen unterm Hakenkreuz. Nationalsozialistischer Alltag in einer deutschen Stadt. Texte und Materialien. Göttingen (Städt. Museum) 1983.
Bruns-Wüstefeld, Alex: Lohnende Geschäfte: Die „Entjudung" der Wirtschaft am Beispiel Göttingens. Hannover (Fackelträger) 1997.
Deterding, Tobias: Die NSDAP in Hildesheim. Marburg (Tectum) 2005.
Fleiter, Rüdiger: Stadtverwaltung im Dritten Reich: Verfolgungspolitik auf kommunaler Ebene am Beispiel Hannovers. Hannover (Hahn) 2006.
Herbst, Ludolf: Das nationalsozialistische Deutschland 1933–1945. Die Entfesselung der Gewalt: Rassismus und Krieg (= Neue Historische Bibliothek). Frankfurt (Suhrkamp) 1996.
Hesse, Anja (Hg.): Vernetztes Gedächtnis. Topographie der nationalsozialistischen Herrschaft in Braunschweig 1930 bis 1945. Braunschweig (Appelhans) 2003.
Klieme, Joachim: Ausgrenzung aus der NS-„Volksgemeinschaft". Die Neuerkeröder Anstalten in der Zeit des Nationalsozialismus 1933–1945. Braunschweig (Selbstverlag des Braunschweigischen Geschichtsvereins) 1997.
Ludewig, Hans-Ulrich/Kuessner, Dietrich: „Es sei also jeder gewarnt". Das Sondergericht Braunschweig 1933–1945. Braunschweig (Selbstverlag des Braunschweigischen Geschichtsvereins) 2000.
Reiter, Raimond: Sinti und Roma im „Dritten Reich" und die Geschichte der Sinti in Braunschweig. Marburg (Tectum) 2002.
Schulze, Hagen: Kleine deutsche Geschichte. Mit Bildern aus dem Deutschen Historischen Museum. München (Beck) 1996.
Sobański, Antoni Graf: Nachrichten aus Berlin 1933–36. Berlin (Parthas) 2007.
Steinwascher, Gerd (Hg.): Gestapo Osnabrück meldet … Polizei- und Regierungsberichte aus dem Regierungsbezirk Osnabrück aus den Jahren 1933 bis 1936. Osnabrück (Osnabrücker Geschichtsquellen und Forschungen 36) 1995.

Internettipps

http://www.shoa.de (1996 von Geschichtsstudenten gegründet ist Shoa e.V. ein ehrenamtlicher, als gemeinnützig anerkannter Verein, der diese sehr informative und zuverlässige Website betreibt)
http://www.dhm.de (Deutsches Historisches Museum. Hier findet sich auch der Link zu einzelnen Ausstellungen und zum LeMo, dem virtuellen Museum zur deutschen Geschichte des 20. Jahrhunderts. Viele Bild-, Ton- und Schriftdokumente.)
http://cdl.niedersachsen.de/blob/images/C5298774_L20.pdf (Literaturliste zur Geschichte des NS in Niedersachsen)
http://www.ghwk.de (Das Haus der Wannseekonferenz vom 20. Januar 1942 ist heute eine Gedenk- und Bildungsstätte. Auf der Website findet man Fotos der Protokollseiten im PDF-Format.)
http://www.bpb.de (Bundeszentrale für politische Bildung. Unter http://www.bpb.de/themen/XNLHOF,0,0,Nationalsozialismus_und_Zweiter_Weltkrieg.html, 09.10.2007, findet sich ein Online-Dossier zum Thema Nationalsozialismus und Zweiter Weltkrieg.)